Alex Maass & Marie Soraya

LIEBLINGSREZEPTE

69 Days Ladies

ALEX MAASS & MARIE SORAYA
LIEBLINGSREZEPTE

69 Days Ladies

Inhalt

SÜSSES & LECKERES

HERZHAFT & PIKANT

SNACKS SCHNELL ZUBEREITET

EIWEISSHALTIGE LEBENSMITTEL & SAISONKALENDER

Unser Vorwort

Schön ,dass du dich für uns und unser Kochbuch und Lifestyle Guide entschieden hast- Wir Alex Maass und Marie haben ein Programm konzipiert, welches dich in 69 Tagen zu deiner absoluten TOPFORM bringt. Du holst in diesen 69 Tagen mit deinen auf den Körpertypen abgestimmten Trainings und Ernährungsplänen das Beste aus dir und deinem Körper heraus, dabei erhältst du unheimlich viel Input über einen gesunden Lebensstil, der dir neue Wege aufzeigt und dir hilft die Balance zu finden, sowie ein besseres Verständnis und Gefühl für Ernährung und Sport zu erreichen.

Wir haben in Zusammenarbeit mit einiger unserer 69 Days Ladies Absolventinnen dieses Buch erstellt. Es basiert auf den Lieblingsrezepten der Ladies. Alles Rezepte, Darstellungen, Präsentationen und Beschreibungen (ihrer selbst) sind von den Ladies persönlich und selbstständig verfasst und erstellt.

Alle Ladies haben das 69 Days Ladies Star Workout erfolgreich absolviert und geben hier ihr liebstes Rezept zum Besten.

Wie du sehen kannst, vollkommen unterschiedlich und für jeden Geschmack etwas dabei. Es ist ein Bruchteil dessen, was du bei uns in der geschlossenen Community an Dateien und Lieblingsrezepten finden kannst.

Unser Dank geht daher an unsere wundervolle, herzlich und familiäre Community die auch uns täglich motiviert. Wir danken dem besten Team! Team 69 Days Ladies

Irrtümlicherweise denken die meisten Ladies: ,,Schlank sein= 0-wenig essen!'' Das ist falsch und wir erklären dir warum!- Ziel soll es sein Körper und Geist in Einklang zu führen, ohne dem einen ist das andere nicht möglich - ohne dich in deinem Körper wohl zu fühlen wirst du nie die Balance finden.

Der Weg dorthin ist oft nicht so einfach- die Medien verrichten ihr Übriges indem sie uns täglich körperliche ''Vorbilder'' präsentieren, Wir werden jeden Tag mit Themen wie Diäten, Sport und gesunder Ernährung konfrontiert. Was es damit wirklich auf sich hat wissen nur die Wenigsten unter uns. Schnell sucht man sich ein Vorbild, welches einen motivieren soll. Leider sind es oftmals die Falschen...

Du musst nicht zum Ziel haben einen 90-60-90 Körper zu besitzen, um einen „Healthy Lifestyle" leben zu können- du bist deswegen nicht besser, oder schlechter als andere!

Du musst keine Crash Diäten machen und in 2 Wochen 10 Kilo abnehmen, um etwas ,,Großartiges'' geleistet zu haben. Du solltest eher einen vernünftigen Weg finden um die Balance auf Dauer zu halten und nicht immer wieder darauf hereinfallen und am Ende doch vom Jo-Jo Effekt überwältigt werden.

Du willst dich in deinem Körper wohlfühlen und dich gesund er-nähren? Dabei gibt es einige Dinge, die du beachten solltest. Diese Grundregeln und noch viele andere Themen werden wir dir auf den folgenden Seiten erläutern. Du musst dich allerdings darauf einlassen. Weg mit den den unrealistischen Vorbildern, die dich unter Druck setzen. Weg mit den Crash-Diäten in deinem Sammel-ordner. Weg mit der Waage. Weg mit dem KalorienTracker.

Hilfe zur Selbsthilfe

Eine gesunde Ernährung zahlt sich nicht nur darin aus, dass du besser aussiehst. Besonders dein Körper wird es dir danken, wenn du langfristig auf deine Gesundheit achtest, indem du dich bewusst und achtsam ernährst. Wir möchten dir helfen die Grundregeln der gesunden Ernährung zu verstehen. Seien wir mal ehrlich, jede Woche erreichen uns neue Ernährungsempfehlungen für mehr Gesundheit, weniger Übergewicht oder um verschiedenen Krankheiten vorzubeugen. Alles Kommerz, oder steckt hinter all dem doch mehr als man erwartet? Zudem immer wieder altbekannte Fragen, die auch uns noch Tag täglich erreichen.

- Sind drei Mahlzeiten am Tag besser als fünf?
- Sollte ich abends lieber die Kohlenhydrate weglassen, oder nicht?
- Welche ist die richtige Ernährung für mich?
- Und wie soll ich das alles jemals in meinem Alltag umsetzen?

Wenn wir mal ehrlicherweise unsere Vorstellungen von gesunder Ernährung überprüfen – welche Bilder kommen dir da in den Kopf? Viel Salat und Gurken, bloß keine roten Paprika und ähnliches, kein Fett, keine Kohlenhydrate und bloß das Kalorienzählen nicht vergessen? Vielleicht tritt bei dir ja auch die Vorstellung vom „Verzichten" oder „Müssen" auf. Oft ertappen wir uns doch dabei Lebensmittel schnell in gut oder schlecht einzuteilen und vergessen bzw. ignorieren die Bedürfnisse des Körpers und unser Bauchgefühl. Erste ''Warnsignale'' können zum Beispiel Kreislaufprobleme, Schwindel, Kraftlosigkeit, Müdigkeit, Antriebslosigkeit oder Kopfschmerzen sein- die Balance der Schlüssel zum dauerhaften Erfolg und Wohlbefinden.

Unser Hauptziel:

Du möchtest nicht dein Leben lang Kalorien, Nährwerte und Punkte zählen oder dich von jeder neuen Diät verrückt machen lassen? Wenn das der Fall ist, dann bist du bei uns richtig. Weder in unserem Programm noch in keinem der Rezepte wirst du Kalorien vorfinden oder sie tracken (zählen) können oder müssen- und dennoch sind unsere Rezepte ausgewogen, gesund und nahrhaft. Zusätzlich können sie dich deinen Zielen näher bringen und dich vielleicht etwas inspirieren in deiner Küche etwas neues auszuprobieren.

Unsere Empfehlungen beruhen auf unseren Erfahrungen sowie wissenschaftlich fundierten Kenntnissen der gesunden und ausgewogenen Ernährung

Wichtig: Wir teilen sie gern mit dir Du kannst dir hier Anregungen holen, solltest aber danach leben, was du für richtig empfindest.

Wie entsteht Körperfett?

Und warum werden zu viel gegessene Kalorien in dieses umgewandelt?

Evolutionär gesehen haben sich da einige Dinge getan- Körperfett diente dazu den Körper in Notsituation wie Dürreperioden oder Hungersnöten ausreichend zu versorgen. Körperfett diente also als Reserve. Sind wir Mal ehrlich, heutzutage muss niemand mehr mit großem energieaufreibendem Aufwand seine Nahrung erlegen- Heute lassen wir Pfeil und Bogen zuhause und spazieren beim kleinsten Anflug von Gelüsten, oder Appetit in den Supermarkt oder zu jeder Tages und Nachtzeit in den Spätkauf oder an die Tankstelle. Es wurde uns also alles zu einfach gemacht im Laufe der Evolution. In vielen Ländern herrscht also ein großer Nahrungsüberschuss.

Da sich unser Körper aber noch nicht an diesen Nahrungsüberfluss angepasst hat, bleiben unsere Fettreserven im Alltag oft unangetastet. Der Körper sieht schlicht nicht die Notwendigkeit die Fette verbrennen zu müssen! Das spiegelt sich oft in Form vom sogenannten Hüftgold und Rettungsringen oder ähnlichem wieder.

Welche möglichen Gründe hast du um dein Körperfett zu verbrennen?

Wir schätzen, es gibt zwei mögliche Gründe um das Körperfett verbrennen zu wollen. Zum einen persönliche Gründe: Ein durchtrainierter Körper steigert in vielen Fällen das eigene Wohlbefinden. Das Auftreten in der Öffentlichkeit, unter Freunden und Bekannten ändert sich. Du fühlst dich schlichtweg wohler im eigenen Körper und das Selbstwertgefühl steigt. Zum anderen gesundheitliche Gründe: Es sind nicht immer und ausschließlich die ästhetischen Gründe die eine gesunde und ausgewogene Ernährung ausmachen. Es ist wissenschaftlich erwiesen, dass ein dauerhaft erhöhter KFA mit hoher Wahrscheinlichkeit zu Folgeerkrankungen wie Diabetes, Gelenk- und/oder Herz-Kreißlaufproblemen, im Endeffekt zu einer starken Gefährdung deiner Gesundheit führen kann.

WIE schafft man es seinen KFH zu reduzieren?

Wir sehen hier 2 Methoden die mit Sicherheit Erfolg haben werden.

Methode 1: Du nimmst weniger Kalorien zu dir als du durch Sport oder Bewegung verbrauchen kannst.

Methode 2: Du verbrauchst mehr Kalorien durch Sport und Bewegung.

Den zweiten Weg finden wir empfehlenswert.

ABER wozu den Kalorienbedarf berechnen? Eine berechtigte Frage. Wer aufmerksam gelesen hat, hat gesehen, dass wir auf diese Frage keinen bedeutenden Wert legen. Er hängt von einigen Faktoren ab wie zum Beispiel deiner Körperstatur, deiner beruflichen Tätigkeit, deinem Umsatz, wie oft und wie intensiv du Sport treibst. Zudem ist es absolut nicht alltagstauglich. Wer möchte denn schon ewig seine Kalorien zählen?!.

Das tägliche Zählen der Kalorien, besonders während einer Diät ist einer der Hauptgründe warum Leute daran scheitern sich langfristig gesund und ausgewogen zu ernähren.

Nicht selten führt das in einen Kreislauf aus dem besonders junge Frauen schwer wieder herausfinden. Wir geben dir im folgenden ein paar Basics an die Hand die dich sicherlich weiter bringen werden und dich in Zukunft vom Zählen hoffentlich abhalten.

Es gilt: Finde die Balance! Eine gesunde und ausgewogene Ernährung in Kombination mit regelmäßigem Sport ist der Schlüssel zum Erfolg! Dazu zählt natürlich auch, sich mal etwas außer der Reihe zu gönnen.

Healthy Lifestyle Guide
HLG – BASICS

Die 3 wichtigen Energielieferanten

- Kohlenhydrate
- Fette
- Eiweiß

Natürlich sind alle drei Energielieferanten sehr wichtig- die Frage ist nur Wann?

Wie und Weshalb?

Kohlenhydrate:

Sie liefern deinem Körper schnelle Energie. Im Groben wandelt der Körper Kohlenhydrate in Zucker um und das ist nicht immer optimal für unsere Ernährung und unseren Körper. ABER: Wir unterscheiden bei den Kohlenhydraten zwischen schnelleren, den nicht so schnellen, oder auch mittelmäßigen und den langsamen Kohlenhydraten.

Die **schnellen** Kohlenhydrate sind nicht unbedingt unsere Freunde, sie sollten jedoch auch nicht komplett auf Dauer aus deinem Plan verschwinden.

Die **mittelmäßigen** Kohlenhydrate sollten ebenfalls nicht jeden Tag auf deinem Plan stehen.

Die **langsamen** und hochwertigen Kohlenhydrate sind unsere besten Freunde und dürfen täglich auf dem Plan stehen.

Die schnellen Kohlenhydrate sind diese, welche seltener auf deinem Plan erscheinen sollten- sie lassen den Blutzuckerspiegel schnell ansteigen. Wer sich also täglich und regelmäßig über einen längeren Zeitraum mit diesen ernährt geht Gefahr, im Ernstfall an Diabetes(Zucker), Bluthochdruck oder Gefäßerkrankungen wie Arterioskleose zu erkranken. Um deinen Blutzuckerspiegel zu regulieren schickt dein Körper das Hormon Insulin ins Blut, dieses hat zur Folge, dass dein Blutzuckerspiegel schnell wieder abfällt. Das Resultat dessen, welches uns sicherlich allen bekannt vorkommt- ein erneutes Hungergefühl, oder auch Heißhunger! Außerdem öffnet es deine Zellen. Dies bewirkt, dass die Kohlenhydrate (Zucker) aus dem Blut optimal in deinen Fettzellen aufgenommen werden können.

Es ist sinnvoll gerade vor dem Sport oder der Bewegung den Körper mit schnell verfügbarer Energie zu versorgen.

Die langsamen und hochwertigen Kohlenhydrate sind dafür optimal, sie lassen der Blutzuckerspiegel nicht so schnell und stark ansteigen und du hast nicht so schnell wieder ein Hungergefühl. Einfache Beispiele sind, normale Nudeln durch Vollkornnudeln zu ersetzten, das gleiche bei Reis und Natur/oder Vollkornreis, dieser ist ungeschält und enthält in der Schale die meisten und besten Inhaltsstoffe, Ballaststoffe und Vitamine. Geschmacklich ähnlich, gesundheitlich deutlich hochwertiger.

Beispiele für **schnelle** Kohlenhydrate:

- Soft Getränke (gezuckert)
- Weizenmehlprodukte (Croissants, Toast, Brötchen...)
- Süßigkeiten
- Fast alle Fertigprodukte

Beispiele für **langsame** Kohlenhydrate:

- Alle Vollkornprodukte
- Obst
- Gemüse
- Alle Nüsse
- Linsen, Bulgur, Couscou, Gerste, Quinoah
- Süßkartoffeln

Fette

Wir bekommen immer wieder die Frage gestellt macht Fett nicht fett?! Entgegen aller Behauptungen- Fette sind nicht grundsätzlich schlecht!! Im Gegenteil, dein Körper kann wichtige Vitamine wie zum Beispiel die wichtigen fettlöslichen A,D,E,K und Carotin nur mit ihrer Hilfe spalten. Zusätzlich haben Fette weitere ,'' Vorteile'' sie schützen vor Kälte, stellen in Notzeiten wichtige Energiereserven bereit. Noch besser, im Gegensatz zu langsam Kohlenhydraten und Eiweißen rufen sie noch weniger die Ausschüttung des Hormons Insulin hervor und haben somit eine noch geringere Auswirkung auf den Blutzuckerspiegel. ABER Vorsicht, natürlich ist hier die Art und Menge der Fette ausschlaggebend.

Es wird in drei Kategorien von Fetten unterschieden

- einfach ungesättigte Fettsäuren
- mehrfach ungesättigte Fettsäuren
- gesättigte Fettsäuren

Die ungesättigten Fettsäuren sollten regelmäßig auf deinem Ernährungsplan stehen- sie sind essenziell.

Auf die Gesättigten solltest du sehr selten zurückgreifen (bestenfalls gar nicht).

Die **ungesättigten Fettsäuren** sollten regelmäßig auf deinem Ernährungsplan stehen, genauso wie Eiweiß, welches dein Körper selbst nicht bilden kann. Du findest sie in verschiedenen Fischsorten wie zum Beispiel: Hering, Lachs, Makrele, Thunfisch, aber auch in pflanzlichen Lebensmitteln wie Leinsamen, Chiasamen, Hanföl, Sojaöl, Rapsöl, interessant für Veganer. Sie besitzen eine sehr positive Auswirkung auf wesentliche Prozesse in deinem Körper unter anderem fördern sie die Fließfähigkeit des Blutes und verringern somit die Schlaganfällen- und oder von Herzinfarkten.

In Maßen solltest du die **einfach gesättigten** Fettsäuren zu dir nehmen- sie sind sehr gehaltvoll bzw kalorienreich- besonders reich an einfach gesättigten Fettsäuren sind Avocados, Nüsse aller Art, und Oliven. Sie sind in der Lage, den Cholesterinspiegel zu senken, wenn durch sie die gesättigten Fettsäuren in der Nahrung ersetzt werden.

Die **gesättigten Fettsäuren** solltest du versuchen, so oft es geht zu meiden! Sie wandern schnell in deine Fettdepots und Fettzellen und haben zusätzlich keinen Einfluss auf förderliche Prozesse des Körpers. Ganz im Gegenteil. Bei zu hohem Verzehr heben sie den Cholesterinspiegel an und können das Risiko für Herz-Kreislauf- Erkrankungen steigern, das sie unter anderem auch Arterionklerose fördern. Sie hemmen also die Fließfähigkeit des Blutes! Gesättigte Fettsäuren finden sich vor allem in tierischen Produkten, wie fetter Wurst (Salami, Teewurst, Leberwurst), Butter, Sahne, Kuchen, Eis, Pommes, Frittiertem usw) aber auch hier ist nochmals zu betonen- wer die Balance hält, sich ausreichend bewegt und diese Lebensmittel 1-2 mal die Woche einbaut, wird nicht 10 Kilo schwerer.

Eiweiß

Eiweißbausteine sind für zahlreiche förderliche und überlebensnotwendig- die Prozesse deines Körpers verantwortlich! Eiweiße (Proteine) bestehen aus einzelnen Bausteinen, den Aminosäuren. Aus ihnen entstehen rote Blutkörperchen und Hormone, Enzyme und Antikörper der Immunabwehr.

Ohne das Protein Keratin wachsen weder Haare noch Fingernägel. Kollagene sind Baustoffe für die Haut. Myosin und Acetin für Muskeln. Diese Liste könnte man endlos fortführen.

Besonders wichtig ist Eiweiß (ob tierisches oder pflanzliches Eiweiß bleibt an dieser Stelle jedem selbst überlassen) jedoch nach einer sportlichen Betätigung! Nach dem Training benötigt dein Körper bzw. deine Muskeln Eiweiß. Dadurch werden minimale Risse die während deinem Training in den kleinsten Einheiten deiner Muskulatur entstanden sind, wieder repariert. Dieser Vorgang nennt sich Eiweißsynthese!

Durch eine ungewohnte/starke Belastung reißt dein Muskel also minimal ein. Dies ist nicht weiter schlimm, da diese Risse vom Körper selbst wieder behoben werden können. Nicht nur das, dein Körper will nun einer erneut zu starken Belastung vorbeugen und verdickt so den Muskel, um beim nächsten Mal besser auf die Situation vorbereitet zu sein. Dadurch wächst dein Muskel und wird straffer!

Eiweiß eignet sich also perfekt zum Verzehr nach dem Training, da es das Muskelwachstum fördert und dich vernünftig sättigt. Zu empfehlen ist daher auch ein Eiweißshake unmittelbar nach dem Training! Ansonsten sind Fleisch (vor allem Geflügel wie Hühnchen und Pute), Fisch, Eierspeisen und einige Milchprodukte wie körniger Frischkäse, aber auch pflanzliche Produkte wie Sojaproteine in Form von Tofu sehr gute eiweißlieferanten.

Die jeweilige Nahrungszusammensetzung kannst du meist leicht auf der Rückseite der jeweiligen Produkte nachlesen. Im Anhang findest du eine Liste mit Eiweißhaltigen Lebensmitteln.

Wir hoffen wir konnten dir die Basics der 3 wichtigen Energielieferanten und deren Prozesse im Körper etwas verständlicher vermitteln.

Wie baue ich die gesunde Ernährung und den Lifestyle in meinen Alltag ein?

Die größte Motivation solltest DU selbst sein! DU willst etwas ändern! DU solltest dich bei dem wohl fühlen was du gerade machst, sei da ganz bei dir und lerne auf deinen Körper zu hören! Habe keinen Respekt vor dem was du isst. Zu Beginn der Ernährungsumstellung können dir schon ein paar Zwischenmahlzeiten helfen, nehme dir etwas klein geschnittenes Gemüse, Obst, ein paar Eier oder einen Salat mit zur Arbeit, Schule oder Uni mit.

So baust du kleine Zwischenmahlzeiten ein und verhinderst so den Heißhunger. Nach und nach wird es dir immer leichter fallen und es wird zur Routine. Wenn möglich binde dein Umfeld mit ein, sei offen und ehrlich und sage klar, dass du etwas für DICH ändern möchtest. Vielleicht kannst du deinen Partner mitziehen, gemeinsam motiviert es sich noch besser.

,,Kann ich auch als voll berufstätige Mama diese Ernährung und den Sport überhaupt umsetzten?!'' Diese Frage wird uns beinahe täglich gestellt- und wir sagen JA! Keine aus unserem Team konnte sich 2,5 Monate beurlauben lassen um das 69 Days Ladies Workout zu absolvieren. Tausende Ladies haben es geschafft, dieses in ihren Alltag zu integrieren auf Dauer - WEIL wir es so alltagstauglich gestaltet haben wie möglich. Die Mahlzeiten sind nach kleinen Vorgaben, wie zum Beispiel der Mengenangabe, sehr flexibel und selbst zusammenstellbar, je nach individuell verfügbarer Zeit. Einige Ladies die hier ihre Lieblingsrezepte zum Besten gegeben haben, haben Kinder, ,,Haus und Hof'', sind zusätzlich berufstätig und haben gleichzeitig ihre Familien ,''mitgezogen''. Wenn man die Kinder langsam an eine ausgewogene Ernährung mit den 3 wichtigen Energielieferanten heranführt, dann ist das doch großartig für die gesamte Familie. Je nach Alter kann man die Kinder schon sehr gut mit einbeziehen, das fängt beim gemeinsamen Einkaufen, vielleicht auf dem Wochenmarkt, auf dem man saisonal und regionale Produkte finden kann an...

Auch das Training lässt sich super gut zuhause umsetzen, denn du musst nicht groß Zeit aufwenden um ins Studio zu fahren. Das einzige was du benötigst ist eine Sportmatte und einen Satz verstellbare Hanteln sowie 45 min Zeit auf deinem Wohnzimmerboden, oder im Garten.

Aber warum sind 5 oder 6 kleine Mahlzeiten besser als nur 2 große?

Diese Situation hat sicherlich schon jede/jeder von uns durch:

,,Gestresst früh zu Arbeit, zum Frühstück eine Tasse Kaffee und los, weil keine Zeit und morgens schon gar keinen Hunger- sicherlich auch nichts vorbereitet oder mitgenommen für die Arbeit, Schule oder Uni. Im Büro, oder am Arbeitsplatz liegen überall Süßigeiten in den Fächern oder in der Küche, im höchst Fall gibt es noch einen Süßigkeitenautomat im Flur. Nach ein paar Stunden und 4-5 Tassen Kaffee meldet sich dann der HEIßHUNGER!!!'' (warum haben wir ja bereits erklärt) Der Energiepegel ist nun Richtung Null gesunken und du greifst nach dem, was gerade zur Verfügung steht und kurzzeitig die Energiereserven auffüllt - Schokoriegel, oder noch besser, die Kollegen verabreden sich zum Mittag im Burger Restaurant, oder an der Currywurst Bude. Schnell gegessen, nicht wirklich gesättigt, schlechtes Gewissen?

Du kannst vorbeugen! Ganz klar, kleine Zwischenmahlzeiten verhindern den Heißhunger!

Schon x-Mal gehört, aber an der Umsetzung hapert es...
dabei ist es so einfach, koche dir zum Beispiel ein paar Nudeln, Reis oder Kartoffeln vor diese halten 2-3 Tage im Kühlschrank und sind gute langsame Kohlenhydrate die dich mit Energie versorgen und gut sättigen. Du kannst sie sehr gut als Salat gestalten. Füge noch etwas Gemüse wie Kirschtomaten, oder etwas Paprika hinzu, reich an Ballaststoffen Vitaminen und eine Eiweißbeilage,

wie zum Beispiel gebratene Tofu, etwas fettarmen Käse, Eier, oder ähnliches, ein paar Gewürze und du hast ein tolles Mittagessen To Go, welches dich schön sättigt und mit Energie auftankt. Als Snack kannst du dir etwas Gemüse klein schneiden, mal einen Apfel essen, 2 Eier und und und. Im Alltag kann es dir helfen das Hungergefühl zu vermeiden und in Zukunft nicht mehr den Süßigkeitenvorrat auf Arbeit oder in deinem Schubfach zu plündern. So kannst du dich besser kontrollieren und hältst die Zeiten bis zur nächsten Hauptmahlzeit aus. Diese Mahlzeiten können super lecker sein wie du in den Lieblingsrezepten unserer 69 Days Ladies feststellen kannst und sind teilweise fix zubereitet.

Beim Einkaufen bist du natürlich daran gehalten auf die Bestandteile der Lebensmittel zu achten- das heißt im Klaren- nicht jede Verpackung auf der ‚"light" steht ist auch gleich ein light Produkt, oder sind qualitativ hochwertige Zutaten enthalten- die Packung umdrehen und das Kleingedruckte lesen, leider verstecken sich auch hinter vielen ‚"Synonymen" kleine Feinde.

Betrachten wir hier mal näher den Zucker-
Zucker hat viele Namen!

Zucker hat viele Namen, er wird nicht immer als solches in der Zutatenliste deklariert oder bezeichnet, sondern kann sich ‚"leider" hinter vielen Begriffen verstecken.

Wie wir in den Basics schon erläutert haben lässt Zucker deinen Blutzucker schnell ansteigen. Um deinen Blutzuckerspiegel wieder zu regulieren schickt der Körper das Hormon Insulin ins Blut. Das Insulin lässt deinen Blutzuckerspiegel sehr schnell abfallen- die Folge kennen wir- erneutes Hungergefühl! Dies bewirkt, dass die Kohlenhydrate (Zucker) aus dem Blut optimal in deine Fettzellen aufgenommen werden können. Die Lebensmittelhersteller haben da schon ihren Weg gefunden mit ihren kompliziert klingenden chemischen Bezeichnungen zum Teil nur schwer als Zucker zu erkennen.

Zu Zucker und zuckerreichen Zutaten gehören:

- Saccharose
- Dextrose
- Raffinose
- Glukose
- Fruktosesirup oder Fruktose-Glukose-Sirup
- Glukosesirup, Glukose-Fructose-Sirup oder Stärkesirup
- Karamellsirup
- Laktose
- Maltose oder Malzextrakt
- Maltodextrin oder Malzextrakt
- Maltodextrin, Dextrin oder Weiozendextrin
- Süßmolkepulver
- Gerstenmalz

Weitere süßende Zutaten können Honig, Traubenzuckersüße, Agavendicksaft, Fruchtkonzentrate wie zum Beispiel Pürees oder getrocknete Früchte enthalten viel Zucker.

Das Problem an der Sache ist, dass man schnell solche Zutaten überliest, wer ist denn schon Nahrungsmittelhersteller oder Techniker und kann mit jedem der Begriffe etwas anfangen? Erschwerend kommt hinzu, dass die Hersteller noch nicht verpflichtet sind die Menge der zugesetzten Zuckerart anzugeben. Es lässt sich jedoch an der Platzierung in der Zutatenliste ungefähr abschätzen welchen Stellenwert der Zucker, oder Zuckerausttauschstoff in dem Produkt aufweist bzw. wie weit vorn sie in der Liste stehen und somit mengenmäßig vertreten sind- grundsätzlich gilt umso weiter vorn in der Liste, desto mehr der Anteil, weist also auf einen hohen Zuckergehalt hin.

Kann ich meinen Stoffwechsel antreiben?

Die sogenannten natürlichen Fatburner aktivieren besonders den Stoffwechsel und können so deine Fettverbrennung ein ordentliches Stück vorantreiben. Du kannst diese natürlichen ,,Wundermittel" im normalen Lebensmittelhandel erwerben und musst nicht auf dubiose Fatburner in Pillenform zurückgreifen! Ingwer, Chili, Curry, Tabasco, Ananas zum Beispiel.

Post und Pre- Workout

Was esse ich am besten vor und nach dem Training?

Bevor du dich sportlich betätigst, solltest du immer deine Energiespeicher zur Genüge gefüllt haben- morgens auf nüchternen Magen trainieren, kann nach hinten losgehen und dir Kreislaufprobleme bescheren, ebenso, wenn du am Tage lange Zeit vor dem Sport gar nichts gegessen hast.

In den vorangegangenen Kapiteln hast du ja nun bereits einiges über die Verfügbarkeit von verschiedenen Energielieferanten erfahren. Kohlenhydrate liefern dir schnelle Energie, so ist es gut, wenn du 1,5-2 Stunden nach einer kohlehydratreichen Mahlzeit trainierst. Aber auch hier gehen die Meinungen auseinender. Wir jedoch können aus Erfahrung sprechen, die wir mit tausenden Absolventinnen und Absolventen machen durften. Falls du es zuvor nicht schaffen solltest eine vollwertige Mahlzeit zu dir zu nehmen, dann greife auf einen Snack wie 2/3 Eier, auf ein paar Nüsse, eine Banane oder einen Apfel zurück. Die letzte große Mahlzeit solltest du 1,5-2 Stunden vor dem Training zu dir nehmen, da sonst durch die einsetzende Verdauung kein effektives Training möglich ist. Nach dem Training, Pre-Workout solltest du darauf achten, deine Speicher mit Proteinen aufzufüllen. Durch die körperlichen Belastungen, die der Körper nicht immer gewohnt ist, ist es häufig so, dass der Muskel diesen zu Beginn nicht immer gewachsen ist und minimal reißt, wir empfinden dies als den sogenannten ,,Muskel-

kater". Um diese kleinen feinen Risse zu reparieren benötigt dein Körper wie bereits zuvor erwähnt Eiweiß, welches er bekanntlich selbst nicht herstellen kann. Nach dem Training solltest du also deine Reserven und Speicher wieder auffüllen mit Kohlenhydraten und Eiweißen. Dies kannst du zum Beispiel mit einem hochwertigen Eiweißshake tun, oder aber auch mit proteinreichen Mahlzeiten, wie zum Beispiel einem Omelett, ein Tofugericht, Fisch, oder einem Steak- im Anhang erhältst du eine Auflistung mit eiweißhaltigen Lebensmitteln. Sicherlich ist dort auch etwas für dich dabei. (ob du auf tierische, oder pflanzliche Produkte zurückgreifen magst ist dir überlassen) während und nach dem Training ist das A und O das Trinken. Achte also immer darauf, dass du ausreichend Flüssigkeit zu dir nimmst. Jede chemische Reaktion in deinem Körper, einschließlich der Energieproduktion benötigt Wasser. Wenn, das Blut, Muskeln und Organe nicht ausreichend mit Wasser versorgt werden, dann werden sie durch die zusätzliche Belastung des Trainings nicht mehr richtig arbeiten und die volle Leistung beim Muskelaufbau bringen können. Perfekt ist Wasser, aber auch ein isotonisches Getränk aber auch BCAA- mehr Infos dazu findest du auf unserem Blog auf
www.69-days-ladies.de.

Warum Anti-Diät?!

Beinahe täglich erhalten wir in unseren Email- Postfächern diese oder ähnliche Nachrichten :,,Ich habe schon so viele Diäten gemacht, nichts hat geholfen!"

Hört man sich so um hat eigentlich jede von uns schon wenigstens eine Diät hinter sich, mit meist mittelmäßigem kurzzeitigem Erfolg. Ziel ist es meist ausschließlich Gewicht zu reduzieren.

Das ist aber nicht ganz so richtig.

Der Begriff ,,Diät" stammt aus dem griechischen und bedeutet so viel wie ,,Lebensweise", die dazugehörende Lehre der,,Diätik" befasst sich im allgemeinen mit der gesunden und richtigen Ernährungsweise, welche ausgewogen ist und den Körper mit allen notwenigen Nährstoffen versorgt, die er benötigt um gesund zu bleiben und seine volle Leistungsfähigkeit zu erhalten. Schlussfolgernd heißt Diät also nicht nur, Gewichtsreduktion sondern auch neben Ernährungsumstellung und krankheitsbedingten Ernährungsumstellungen auch Bewegung und Sport. Zu unterscheiden in Diäten welche Krankheitsbehandlungen unterstützen, oder Reduktionsdiäten.

Auch durch einschlägige Frauenzeitschriften haben Diäten ihren negativen Beigeschmack gewonnen. Überall wird mit zusätzlichen Wundermitteln und Zaubertrunks gelockt, selbst in Apotheken. Alle versprechen wahnsinnige Erfolge in kürzester Zeit. Aber was geschieht danach? Was geschieht, wenn man sie absetzt? - wir schätzen die meisten kennen diesen Effekt.

Fakt ist, von Diäten nimmt man nicht dauerhaft ab. Im Gegenteil, die meisten nehmen wieder zu. Die Erfolge sind häufig von kurzer Dauer. Schuld daran ist meist die Masse der ausprobierten einseitigen Ernährung. Es werden über Jahre mehrere Diäten probiert und getestet um oft auch für ein bestimmtes Event in Shape zu sein. So probiert man sich durch und schlemmt sich danach jeden ,"Erfolg'' wieder weg. So beginnt die nächste Diät und die nächste. Ein Kreislauf, mit dem häufigen Ergebnis starker Gewichtsschwankungen- mit einer Tendenz zu einem immer weiter steigendem Gewicht und eingeschlafenem Stoffwechsel- da meist sehr einseitig gegessen wird.

Heißhunger vorprogrammiert!

Meist wird auf vieles verzichtet und das auf Dauer. Alles was zuvor gern gegessen wurde, wird für lange Zeit aus dem Ernährungsplan gestrichen. Zudem wird nicht selten komplett auf langsame und hochwertige Kohlenhydrate, aber auch ausreichend Eiweiße verzichtet. Wir haben bereits erläutert, was dies für Folgen haben kann- Heißhunger. Das Essen nimmt nicht selten einen enorm hohen Stellenwert ein, vieles dreht sich nur noch um das Kalorienzählen, bei jeder Mahlzeit- tracken nicht vergessen. Irgendwann ist der Appetit so allgegenwertig, dass man doch zu kleinen Leckereien greift. Hier ein Bissen, da ein Stück und am Ende häufen sich mehr Kalorien an, als wenn man zur richtigen Hauptmahlzeit oder Mahlzeiten gegriffen hätte. Wer kennt es nicht: Ich habe den ganzen Tag nicht gegessen, zum Frühstück nur einen Kaffee getrunken- und am Abend dann alles in mich hineingefuttert, was der Kühlschrank hergab. Dem kann man vorbeugen mit kleinen Mahlzeiten über den Tag verteilt- wie schon zuvor erwähnt.

Diäten haben meist nur einen kurzen Effekt. In den ersten Tagen einer Diät haben die meisten schnelle und tolle Erfolge auf der Waage zu verzeichnen. In den meisten Fällen ist dies jedoch Wasser in den ersten Tagen. Nach längerer Zeit, einseitiger Ernährung- (wir sprechen hier von einseitigen Diäten wie Kohlsuppendiäten, Saftkuren, extremes LowCarb) wechselt der Körper in sein Energiesparprogramm, die Gewichtsreduktion stagniert. Man spricht häufig vom eingeschlafen Stoffwechsel. Der Körper hat im Laufe der Evolution gelernt mit dem Minimalem auszukommen. Das ,,Überleben'' sichert er, indem er die Stoffwechselvorgänge auf das Wesentliche, nämlich die lebenswichtigen Funktionen herunterfährt. Eine viel zu schnelle Gewichtsreduktion, hier sprechen wir von über 2-3 Kilo in der Woche, kann auch darauf hindeuten, dass Muskelmasse abgebaut wird. Ebenfalls ein Teil des Energiesparmodus, denn bekanntlich verbrauchen Muskeln viel Energie. Wer regelmäßig Sport treibt und Muskulatur aufbaut, kann also auch deutlich mehr essen, ohne einer Diät folgen zu müssen! Ein weiterer Punkt- einhergehend mit dem Muskulaturverlust, verliert der Körper noch mehr Wasser- denn ein Kilo Muskeleiweiß bindet bis zu 5 Liter Wasser im Körper. Was auf der Waage als Erfolg verzeichnet ist, heißt aber nichts Gutes, denn mit jedem Gramm abgebautem Muskel wird es für den Körper schwieriger Fette zu verbrennen und das ist es doch was wir wollen!

Unrealistische Zielvorstellung bei einer Diät

Die meisten haben tatsächlich falsche Zielvorstellungen. Wollen am liebsten pro Woche 4-5 Kilo abnehmen, mit Fragen wie : Wie schaffe ich es schnell 5 Kilo abzunehmen?! Oder: ich will nur an den Beinen abnehmen, mein Bauch ist ok, werden wir Tag täglich über unseren Support konfrontiert- Tatsache ist: das ist unrealistisch! Du kannst schon so viel abnehmen, ob diese Null oder Crashdiät allerdings gesund und von Dauer ist, kannst du dir selbst beantworten. Auch kannst du dir deine bevorzugte Stelle am Körper an der du abnehmen möchtest nicht aussuchen- der Körper selbst sucht sich seine Stellen aus, wo er bereit ist Körperfett zu verlieren bzw. Muskulatur als erstes aufzubauen- das ist teilweise sehr unterschiedlich. Du kannst zwar mit dem richtigen Kraft und Ausdauertraining dem entgegenwirken, indem du spezielle Muskelgruppe trainierst, aber dennoch entscheidet der Körper selbst. Gerade das Bauchfett ist bei uns Frauen sehr hartnäckig, dies ist aber auch Evolutionsbedingt. Löse dich also von dem Gedanken in kürzester Zeit viel abzunehmen und ändere deinen Lebensstil auf Dauer. Wer sich über einen Zeitraum etwas angefuttert hat, darf nicht verlangen in kürzester Zeit am Besten über Nacht dieses wieder zu verlieren. Hier muss sich in Geduld geübt werden. Sinnvoll ist die Umstellung der Ernährung – Lifestyle
Die Ernährung ist in den meisten Fällen der Grund für Übergewicht. Häufig wird sich beschränkt auf einige wenige kalorienarme

Lebensmittel. Dies geht meist nur für einen vorübergehenden Zeitraum, anschließend fallen viele Ladies wieder in alte Essgewohnheiten und Ernährungsmuster. Sinnvoll ist deshalb eine Ernährungsumstellung. Es gilt schmackhafte Alternativen zu finden. Geschieht diese Umstellung ohne Druck und Zwang, erfahren die meisten Ladies eine gesündere Ernährung als positiv. Sie fühlen sich besser, Leistungsfähiger und stärker. Auch das Geschmacksempfinden ändert sich. Je mehr frische unverarbeitete Lebensmittel sie essen, desto weniger mögen sie Fertigprodukte.

Halte dir diese Punkte vor Augen und wechsel in den gesunden Lifestyle auf Dauer!

- Schmeiß' die Waage weg- es gibt kein Wunschgewicht! Dieser Wert ist von so vielen Faktoren abhängig! (Muskeln sind schwerer als Fett) Richte dich nach deinem Wohlbefinden!
- Fotografiere dich regelmäßig selbst um Entwicklungen und Fortschritte zu dokumentieren
- Vermesse dich regelmäßig um Entwicklungen und Fortschritte zu dokumentieren (dafür benötigst du nur ein einfaches Maßband und Stift und Papier)
- Notiere oder „tracke" keine Kalorien mehr!
- Höre auf die Bedürfnisse deines Körpers, wenn du Hunger hast, musst du essen. Verbiete deinem Körper keine Nahrung
- Versuche mehrere kleine Mahlzeiten verteilt über den Tag zu dir zu nehmen.
- Heißhunger auf Süßes, oder Herzhaftes? Dann gönne es dir ab und an, bevor der Heißhunger schlimmer wird.
- Kämpfe nicht gegen dich und deinen Körper an! Selbstliebe und Akzeptanz sind der richtige Weg für ein Leben ohne Diäten!
- Suche dir keine falschen Vorbilder! Du bist DU und wirst nie den Körperbau einer anderen 1:1 erreichen können!
- Treibe Sport UND ernähre dich ausgewogen und gesund! Ohne das eine ist das andere NICHT möglich.
- Gemeinsam. Schnappe dir deinen Partner, beste Freundin oder besten Freund, zusammen steigt die Motivation und es macht einfach mehr Spaß!
- Du machst es allein für DICH- für niemand anderen!
- Ab heute sind Fertigprodukte aus deinem Ernährungsplan gestrichen!
- Trinken nicht vergessen!- bestenfalls ungesüßt. Tee oder Wasser, wenigstens 3Liter am Tag
- Kaufe bewusst und saisonal Warum? :umweltschonend, geschmacklich gut, vitalstoffreich und gesund, Qualität und Kontrolle, oft günstiger als Importware, Regionalität schafft Identität, Stärkung der regionalen Wirtschaft (im Anhang haben wir einen Saisonkalender für dich)

Süßes
& Leckeres

ananen Cupcakes

von

Super an diesem Rezept ist der geringe Zeitaufwand und das leckere Ergebnis. Der Heißhunger auf Süßes kann mit diesem Rezept schnell gestillt werden und man kann es so vielseitig variieren und kombinieren. Einfach toll!

Guten Appetit!

Zutaten

Zutaten für 6-7 Cupcakes

1 Ei
1 Banane
35g Xucker Light
60g Proteinpulver (je nach Geschmack)
3 EL Milch
Backpulver
Vanille Extrakt

Gericht

1. Ofen auf 150 Grad Umluft vorheizen.
2. Das Ei mit einem Rührgerät schaumig schlagen und dann den Xucker light hinzufügen und verquirlen.
3. Dann das Proteinpulver, ein bisschen Backpulver, die Milch und ein bisschen flüssiges Vanille Extrakt hinzufügen. Beim Proteinpulver könnt ihr selber entscheiden, welchen Geschmack ihr mit Banane mischen wollt. Hier habe ich Lemon- Cheesecake genommen aber auch mit Peanutbutter- Whey ist es sehr zu empfehlen.
4. Nun muss alles gut verrührt werden. Anfangs wird es zu Krümeln/ Streuseln. Ihr müsst ca. 30-60 Sekunden mixen bis es eine einheitliche Masse ergibt.
5. Zum Schluss wird die Banane zermanscht und mit in den Teig gegeben.
6. Teig in die Förmchen füllen. Für das etwas andere Geschmackserlebnis habe ich in ein paar Förmchen ein Stück Xucker Schokolade mit hineingegeben. Es ist auch mit frischer Banane sehr lecker. Eurer Kreativität sind keine Grenzen gesetzt.
7. Zum Schluss die Cupcakes für 10-15 Minuten in den Ofen schieben. Ihr müsst immer mal nachschauen, da die Cupcakes schnell goldbraun werden.

Bounty-Beeren-Traum

von Gorica

„Stell Dir vor, Du kannst Deinen Kleiderschrank öffnen und anziehen was Du willst, weil alles an Dir gut aussehen wird"...

so, und nicht anders, geht es mir jetzt.

Nach drei Schwangerschaften wollte ich endlich meine restlichen 8kg „Babyspeck" loswerden. Mit diesem Programm habe ich es geschafft! Ich bin sehr glücklich darüber, nicht nur damit zu meiner Wunschfigur gekommen zu sein, nein, sondern auch einen neuen Lifestyle für mich entdeckt zu haben. Die richtige Ernährung in Kombination mit Sport....das gehört nun für immer mir :-)

In diesem Sinne, viel Spaß beim Nachmachen...
Süße „Träume",
eure Gori

Zutaten

Zutaten für 1 Portion:

2 EL Kokosraspeln
1 handvoll Beeren (z.B. Erdbeeren und Heidelbeeren)
75g Skyr (oder Magerquark)
75g Naturjoghurt 0,1%
1-2 EL Kokosmilch
2-3 Spritzer flüssiger Süßstoff

Gericht

1. Kokosmilch mit Skyr und Naturjoghurt gut vermischen.
2. 1 EL Kokosraspeln und Süßstoff dazugeben.
3. Die Hälfte der Kokoscreme in ein Gläschen füllen.
4. Erdbeeren in Scheiben schneiden und mit den Heidelbeeren auf die Creme schichten. Mit wenigen Kokosraspeln bestreuen. Die restliche Kokoscreme darauf verteilen und mit noch einer Schicht Beeren beenden.
5. Süßstoff mit etwas Kokosmilch vermischen und den Beeren-Kokos-Traum damit beträufeln.
6. Nach Belieben mit Kokosraspeln dekorieren.

   Wer es noch etwas süßer mag, kann auch anstatt des flüssigen Süßstoffes 1 EL Agavendicksaft nehmen (wobei sich hierbei die Nährwertangaben etwas anheben, ca. 22,3 kcal mehr).

Zimt-Küchlein

be Veggie

von Sina

Zutaten

Zutaten für 2 Personen

175 g Magerquark
4 Eier
1 Esslöffel Erdnussbutter (low carb)
2 gehäufte Esslöffel Zimt
1 Scoop Whey nach Wahl
50 g Haferkleie
1 halbes Päckchen Backpulver

Gericht

1. Die vier Eier werden zunächst vom Eigelb getrennt und steifgeschlagen. Die restlichen Zutaten werden in eine Schüssel gegeben und verrührt. Dann wird das steifgeschlagene Eiweiß unter die restlichen Zutaten gehoben und vorsichtig verrührt.

2. Ihr könnt den Backofen nun auf 200 Grad vorheizen und währenddessen die Masse auf die Muffinformen verteilen.

3. Nun kommt das Ganze für 20 Minuten in den Ofen

   Viel Spaß beim Nach „backen" :)

Beerenmix Nachtisch

von Christina

Für mein Alter habe ich einige Diäten schon durch... Ich schwankte immer zwischen +/-10 kg. Richtig glücklich war ich allerdings nie, da man durch die Diäten so viele Verbote hatte, dass man nicht das Gefühl hatte leben zu dürfen. Durch das 69DaysWorkout lernte ich mich neu zu finden, mich auch so zu nehmen wie ich bin und nicht den Trends nach zu jagen. Meine Einstellung zu gesunden und ungesunden Nahrungsmittel hat sich komplett verändert. Ein Schokoriegel zwischendurch ist für mich keine Befriedigung mehr, da ich weiss, welche Auswirkungen das auf meinen Körper hat.

Ich verzichte natürlich auch nicht auf ein Stück Kuchen, allerdings ist das nur eine Ausnahme und keine Regelmässigkeit, wie in der Zeit vor dem Programm. Ich bewundere Marie und Alex für ihre Hilfe. Sie sind immer für einen da, wenn man Fragen oder Probleme hat.

be Veggie

Zutaten

ca. 4-6 Portionen

4 Eiweiss
2 Eigelb
30g Eiweisspulver (Geschmacksrichtung ist variabel)
Schuss Mineralwasser
zum Süssen: 2-3Tropfen flaverdrops Erdbeergeschmack
100g Schmelzflocken (oder Haferflocken)
200 g Magerquark
200 g Alpro Mandeljoghurt
1 Handvoll gemischte Nüsse
(z.B. Wallnüsse, Haselnüsse, Mandeln...)
1 El Leinsamen
1 El Mohn
1 Handvoll Heidelbeeren
1 Handvoll Erdberen
2 Nektarinen

Gericht

1. Das Eiweiss steif schlagen. Eigelb mit dem Eiweisspulver und mit Mineralwasser vermengen und mit dem steifgeschlagenen Eiweiss verrühren. Zum Schluss die Schmelzflocken und flaverdrops dazu geben und alles noch mal kurz aufschlagen. Die Masse in eine runde mit Kokosöl eingefettete Backform geben und für ca 10 min bei 150° C backen.

2. Das Obst waschen, die Erdbeeren halbieren und die Nektarinen in Scheiben schneiden. Die Nüsse klein hacken.

3. Quark und Joghurt miteinander vermengen, Nüsse, Mohn und Leinsamen in die Quarkmasse geben.

4. Die Quarkcreme auf den "Tortenboden" geben und das Obst darauf verteilen und servieren.

Alternativ kann man auch die Quarkcreme mit dem Obst in einem Glas als Dessert servieren .

Blaubeer-Protein-Riegel

von
Stephanie

Zutaten

Zutaten für 1 Person

120 g Haferflocken
100 g Magerquark
25 g Whey Protein
1 Schuss Honig
2 Eiklar
1 TL Zimt
3 EL Blaubeeren
1 Prise Backpulver

Gericht

1. Haferflocken pürieren und das Eiklar steif schlagen.
2. Haferflocken, Magerquark, Whey Protein, Honig, Zimt, Blaubeeren und Backpulver mischen.
3. Falls der Teig zu trocken ist, einfach einen Schuss Wasser dazugeben.
4. Eischnee unter den Teig heben und alles in eine kleine Auflaufform geben.
5. Auflaufform für 15 Minuten bei 170 Grad in den vorgeheizten Backofen, bis die Oberfläche goldbraun ist.
6. Auskühlen lassen und dann in Riegel schneiden.

   Guten Appetit!

 Schoko – Muffins

von Louise

Wenn es heute nichts wird, dann war noch nicht die Zeit dafür, aber man muss zumindest angefangen haben!

Zutaten

Zutaten für 6-7 Cupcakes

50 g Dinkelvollkornmehl
50 g Schoko- Whey
50 g pürierte Kidneybohnen oder Zucchini
100 g Magerquark
200 g Frischkäse light
2 Espressi
15 g Backkakao
1 aufgeschlagenes Eiweiß
1 Eigelb
Süßstoff nach Belieben
½ Vanilleschote oder Vanille aus der Mühle oder Zimt
1 Prise Backpulver
1 Prise Salz
Sonnenblumenöl zum einfetten der Förmchen
Topping (Cranberries, Haselnüsse, Wallnüsse u.v.m.)

Gericht

1. Das Schoko- Whey mit dem Mehl, Salz, Backpulver, Vanilleschote oder Zimt und dem Kakao vermischen und sieben.
2. Zucchini / Kidneybohnen, Magerquark, Eigelb, 50 g Frischkäse, Espressi und Süßstoff dazugeben und alles sehr gut durchrühren oder in einer extra Schüssel erst mischen und dann unter das Mehlgemisch heben. Wichtig ist: am ende darf es keine Klümpchen geben!
3. Zu guter letzt das steifgeschlagene Eiweiß vorsichtig unterheben.
4. Die Förmchen mit etwas Sonnenblumenöl einfetten und ca. 2/3 der braunen Schoko Masse aus 8 Förmchen verteilen.
5. Die restlichen 150 g Frischkäse mit etwas Süßstoff und Vanillemark oder Zimt würzen und auf die Schoko Masse geben. Nun die restlichen 1/3 Schoko Masse in die Förmchen geben, so dass kein Frischkäse mehr zu sehen ist.
6. Wer möchte kann mit einem kleinen Holzstäbchen ein Muster (wie bei einem Marmorkuchen) durch den Teig ziehen, so dass eine Maserung entsteht.
7. Last but not least : das Topping. Es ist so ziemlich alles erlaubt was schmeckt!
8. Nun die Förmchen in den vorgeheizten Backofen geben und warten.
9. Kleiner Tipp: Tritt die Frischkäsefüllung aus, dann den Ofen kurz öffnen und die Temperatur etwas senken.

Backzeit: 15 – 20 Minuten
Umluft: 160 °C – 200°C

Apfelring Pancakes

von
Simone

Zutaten

Zutaten für 1 Person

1 Eigelb
3 Eiweiß
40 g gemahlene Haferflocken
1 Apfel
Zimt
Süßstoff
Wasser
1 TL Sonnenblumenöl
Optional: Whey

Gericht

1. Gemahlene Haferflocken mit 1 Eigelb und einem kleinen Schuss Wasser glatt rühren.
2. Nach Belieben mit Süßstoff und Zimt süßen. Für einen extra Eiweißschub können hier auch noch 30 g Whey beigefügt werden.
3. 3 Eiklar steif schlagen
4. Vorsichtig das steifgeschlagene Eiweiß unter die Haferflockenmasse geben.
5. Apfel in Scheiben schneiden und das Kerngehäuse entfernen.
6. 1 TL Sonnenblumenöl in der Pfanne erhitzen.
7. Die Apfelringe nach einander in die Teigmasse geben bis sie komplett mit Teig bedeckt sind.
8. Nun die Ringe in der Pfanne anbraten - anrichten, FERTIG :-)

Casein Kekse

von Sandra

Zutaten

Zutaten für 2 Personen

30 g Casein
Ca. 50 ml Wasser
1 Ei

Gericht

1. Ofen auf 180 Card vorheizen
2. alles in eine Schüssel geben und zu einer Masse verrühren
3. Masse auf dem Backpapier verteilen
4. Bei 180 Card ca. für 15 Minuten backen bis es fest ist.

Achtung es kann etwas verlaufen

Wenn sie fertig sind in kleine Stücke schneiden

Frühstücks Muffins

von
Sandra

Zutaten

Zutaten für 2 Personen

30 g Whey (die Geschmacksrichtung die du magst)
4 Eier (4 Eiweiß und 2 Eigelb)
50-60 g Haferflocken (so viel
wie in deinem Plan stehen)
Ca. 100 ml Wasser
1 Schuss Selters

Gericht

1. Eier trennen und das Eiweiß zu einem festen und glatten Eischnee schlagen

2. Zwei Eigelb mit ca. 100 ml, einen Schluck Selters und den Haferflocken vermengen und es dem Eischnee vorsichtig unterheben.

3. Die Maße in die Förmchen geben, und mit den Früchten die man mag garnieren (im Programm nur die Früchte die man nicht schälen muss?)

4. Danach für ca. 20 Minuten bei 180 Crad in den Ofen

   Fertig sind sie wenn die Muffins oben drauf schön goldbraun sind

Topfen/Quarkknödel mit Blaubeerfüllung

von Lena-Lara

Dank 69 Days haben mein Freund und ich die richtige Balance zum Essen gefunden und sind fitter dennje.Vielen Dank an das tolle Team, den Zusammenhalt und an Marie&Alex das ihr so „nah", und immer offen für ein Treffen seid!

Zutaten

Zutaten für 1 Personen

100g Haferflocken
200g Quark
1 Ei
1 EL Whey Schoko o. Vanille
etwas Stevia

Gericht

1. Alles in eine Schlüssel, kräftig rühren.
2. Topf mit Wasser vorbereiten und kochen lassen.
3. Aus dem Teig mit feuchten Händen kleine Bällchen formen und mit dem Finger eine Loch in die Kugel drücken und die Blaubeere reindrücken.

Für die Sauce:

4. 1 Scoop Haselnuss Whey mit Milch anrühren, damit es auch schön dick wie eine Sauce ist, die Milch nach und nach zugeben.

Lasst es euch schmecken :)

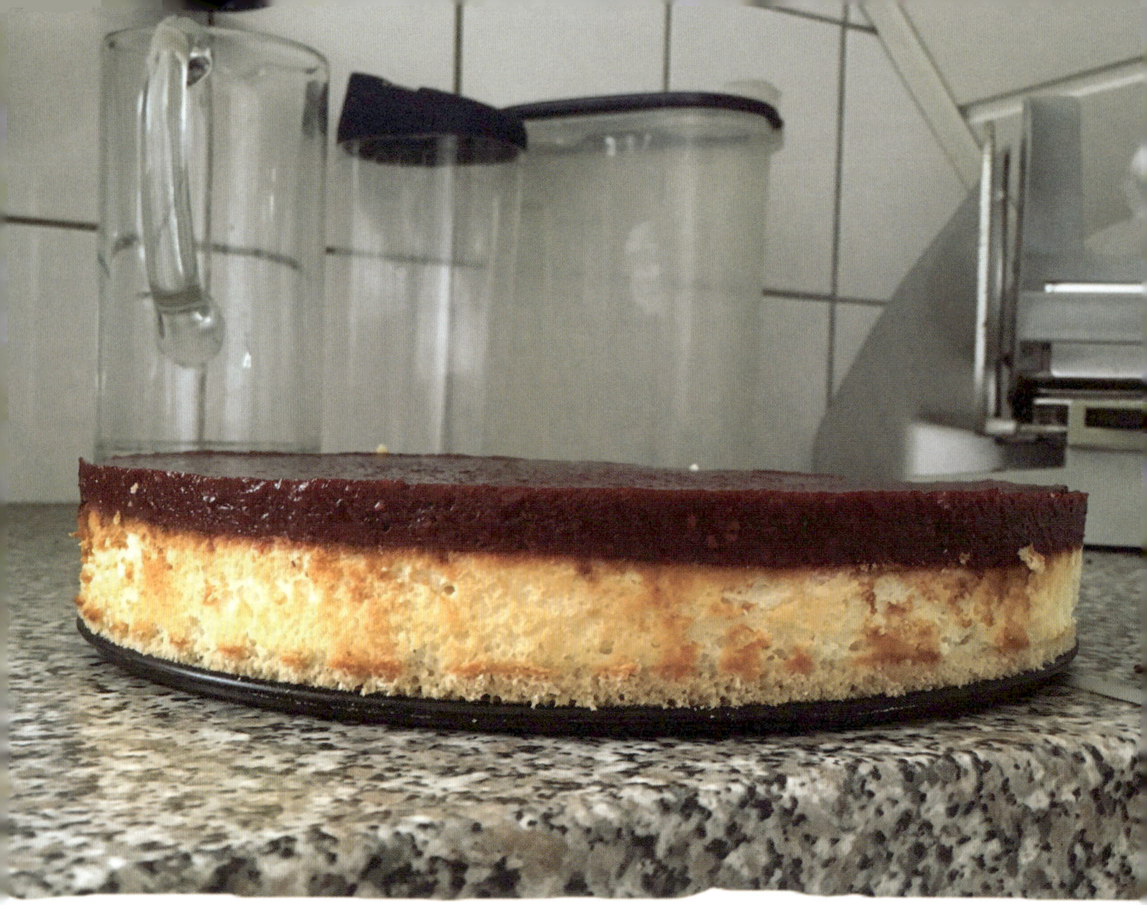

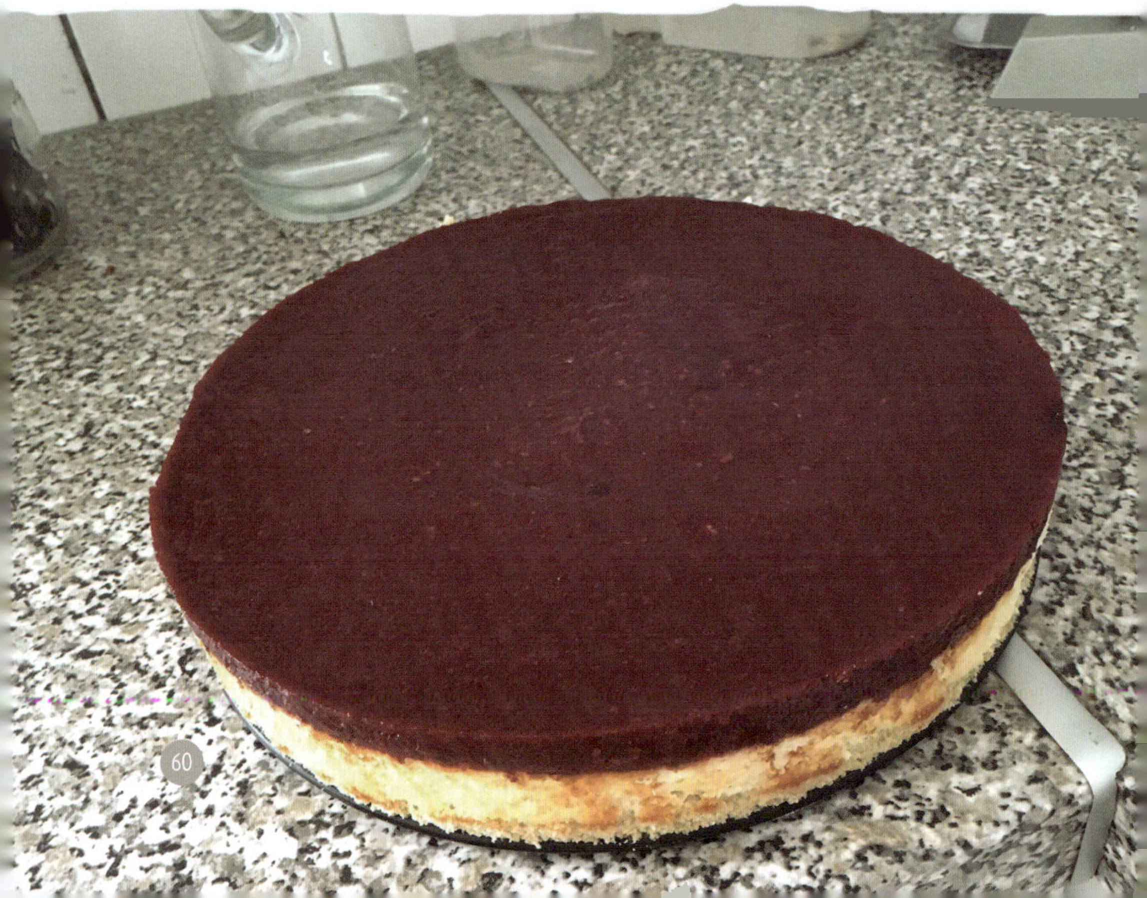

Berry Cheesecake

von Jenny

Zutaten

Zutaten für 1 Kuchen

140 g gemahlene Haferflocken
Wasser, 3 Eier
½ TL Backpulver
10 EL Xucker light oder Süßstoff
500 g Magerquark
100 g Frischkäse light
15 g Vanille Whey
15 Tropfen Flavedrops Vanille
600 g TK Beerenmix
1 Beutel Himbeer Götterspeise
Backpapier, 26 cm Springfrom

Für den Boden:
140 g gemahlene Haferflocken
150 ml Wasser, 1 Eiklar
½ TL Backpulver
2 EL Xucker light

Die Füllung:
500 g Magerquark
100 g Frischkäse light
2 Eier, 15 g Vanielle Whey
ca 15 Tropfen Flavedrops Vanielle
5 EL Xucker light (oder Süßstoff
nach bedarf)

Topping:
600 g TK Beerenmix
1 Beutel Himbeer Götterspeise
3 EL Xucker light

Gericht

Für den Boden:
1. Alle Zutaten mit dem Mixer verrühren und den Teig in eine 26 cm Springform mit Backpapier auslegen und den Teig in die Form füllen.
2. Bei 170 °C ca. 10 Minuten backen.

Die Füllung:
1. Alle Zutaten bis auf zwei Eiklar verrühren.
2. Die zwei Eiklar schön steifschlagen und vorsichtig unterheben.
3. Die Creme gleichmäßig auf dem Boden verteilen.
4. Bei 170 °C weitere 40 Minuten backen.
5. Anschließend den Kuchen etwas abkühlen lassen.

Topping:
6. Die Beeren auftauen und anschließend pürieren. Xucker light unter die Beeren rühren.
7. Götterspeise mit 5 EL Wasser vermengen und 10 Minuten quellen lassen und anschließend
8. 30 Sekunden in der Mikrowelle auf höchster Stufe erhitzen und unter die Beeren rühren.
9. Beeren Toping auf den Kuchen geben und über Nacht (oder mindestens 4 Stunden) in den Kühlschrank stellen.

Fertig - und genießen!

Erdbeer-Rhabarber-Rolle

von
Ina

Zutaten

ca. 4 Portionen

Für den Biskuitboden
1 Ei
1 Eiklar
1 TL. Backkao (stark entölt)
2 Eßl Eiweißpulver (Schoko)
3 Eßl Milch
Prise Salz
Xucker oder Süßungsmittel
eurer Wahl

Für die Füllung:
150g Magerquark
1 Stange Rhabarber (ca.75g)
60g Erdbeeren
1 -2 Eßl. Xucker (Süßungsmittel
eurer Wahl)
etwas Vanille oder Flavdrops
1Tl. Flohsamenschalen (zum
Eindicken)

Gericht

1. Backofen auf 180°Grad vorheizen
2. Eiweiß steif schlagen
3. Eigelb mit Xucker, Eiweißpulver, Milch und Kakao verrühren.
4. Vorsichtig den Eischnee unterrühren.
5. Backblech mit Backpapier belegen
6. Aufs Backpapier streichen ca. 10-15 min bei 180 Grad backen.
7. In der Zwischenzeit die Creme vorbereiten.
8. Rhabarber schälen in 1 cm Stücke schneiden
9. mit 1 Eßl. Xucker verrühren
10. 15 min ziehen lassen.
11. Erdbeeren mit Rhabarber aufkochen und ca. 5 min garen (immer schön umrühren ,damit nichts anbrennt) bis der Rhabarber zerfällt.
12. Pürieren , abkühlen lassen mit Magerquark verrühren.
13. Boden herausholen und auf ein Handtuch legen, auskühlen lassen, Backpapier vorsichtig abziehen und mit der Creme bestreichen.
14. Aufrollen und ca. 1 Stunde in den Kühlschrank.
15. Nun die Rolle mit Kakaopulver, Xucker-Puderxucker bestreuen mit Erdbeeren garnieren.

Bananige-Erdnuss-Protein-Bombe

von Fabienne

„Verwende jeden Stein,
der dir im Wege liegt,
als einen Neuen um deinen Weg zu ebenen."

„Kämpfe als gäbe es kein Morgen,
du wirst belohnt werden"

Zutaten

340 gr Magerquark
100 gr Vanille whey
50 gr Erdnussbutter
3 mittlere Bananen (alternativ
gehen bestimmt auch reife
Birnen)
3 Eier

Gericht

1. Alles in einer Schüssel verquirlen und 40min bei 180 Grad in den Ofen.

   Optional: kann er noch mit ungezuckerten Apfelmus bestrichen werden.

armorkuchen

von Fabienne

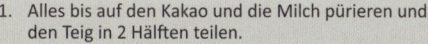

Zutaten

240 gr weiße Bohnen
1 Ei
2 Eiweiß
75 Haferflocken
130 Xucker oder dementspre-
chend Süßstoff
Ein paar Tropfen Flavdrops (ich
hab weiße schoki genommen)
25 gr Erdnussbutter
20 gr Kakao
40 ml Milch

Gericht

1. Alles bis auf den Kakao und die Milch pürieren und den Teig in 2 Hälften teilen.

2. In die eine Hälfte Milch und Kakao hinzufügen und mischen.

3. Als erstes den hellen Teig und dann den dunklen in die Form und mit dem Löffel mischen.

4. 20min bei 180 Grad in den Ofen.

rownies

von Fabienne

Zutaten

Zutaten für 4 Stücke:

90 gr rote Kidney Bohnen
50gr Banane
60 gr körniger Frischkäse light
1 Ei
40gr Haferflocken
20 gr Backkakao entölt
1 TL Backpulver
Süßstoff

Gericht

1. Heize den Backofen auf 180 Grad vor.
2. Mixe das Ei den körnigen Frischkäse, die Banane und die Bohnen mit dem Pürierstab.
3. Füge alle restlichen Zutaten hinzu und rühre bis ein Teig entsteht.
4. Fette die Ofenform ein und gieße den Teig ein.
5. Die Brownies brauchen ca. 25-30Min, bis sie fest, aber noch weich und saftig sind.

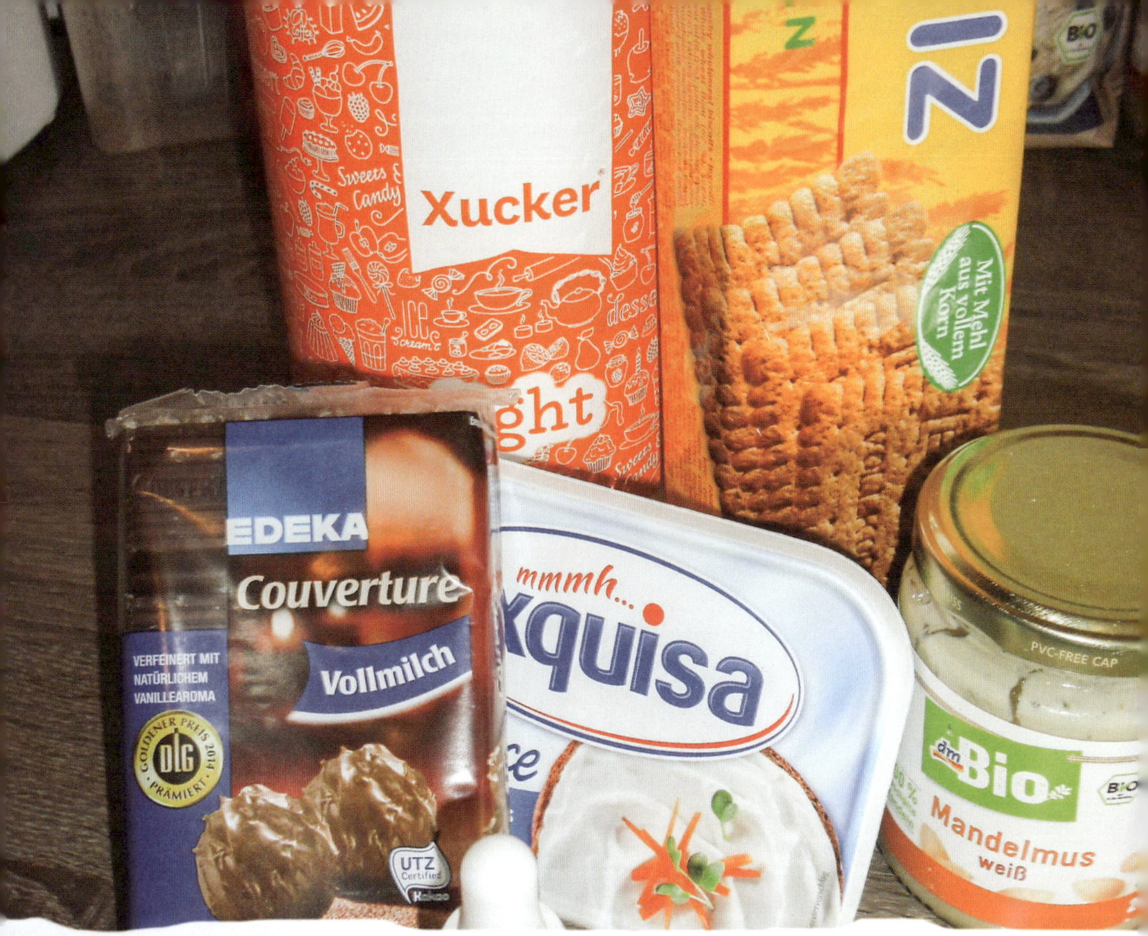
Xucker
Sweets & Candy
Mit Mehl aus vollem Korn
EDEKA
Couverture
Vollmilch
VERFEINERT MIT NATÜRLICHEM VANILLEAROMA
UTZ Certified Kakao
mmmh...
xquisa
PVC-FREE CAP
dm Bio
Mandelmus weiß

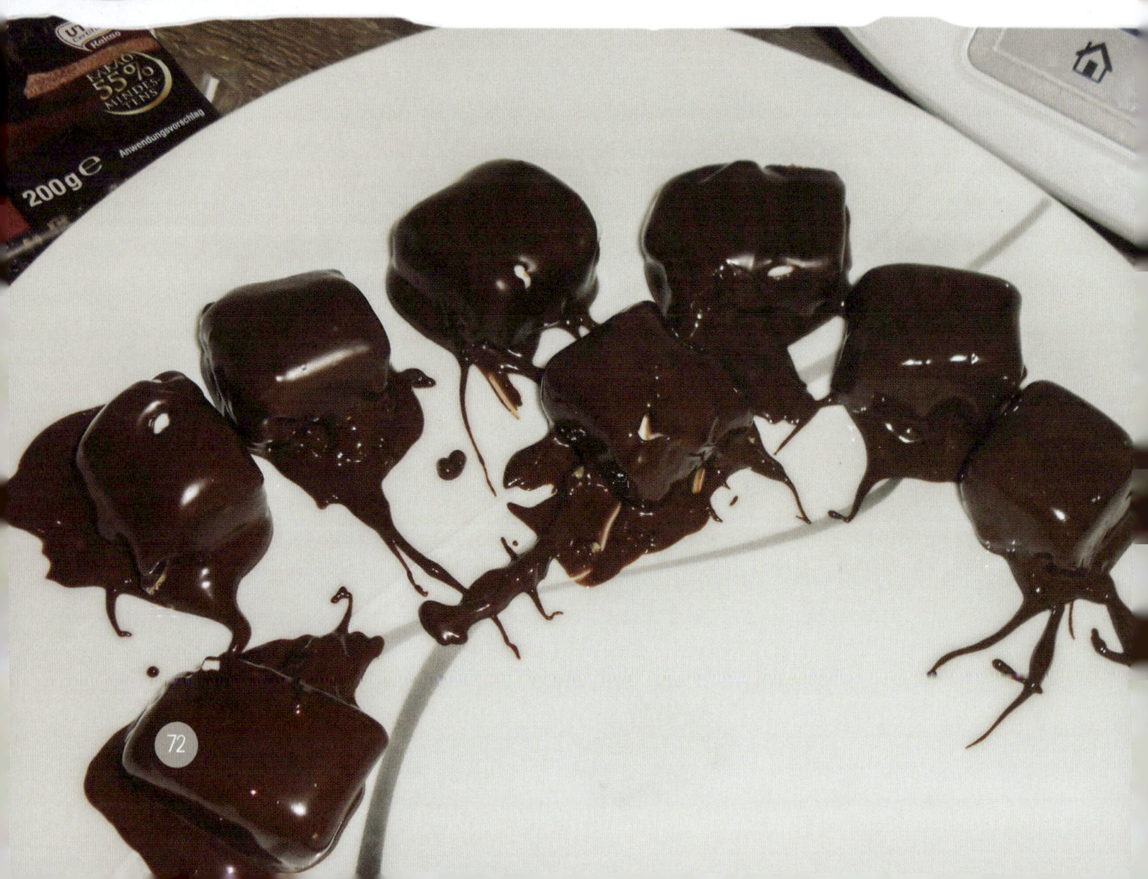
55%
200g
Anwendungsvorschlag

Cheesecake Pralinen

von Annina

Ich bin 26 Jahre und habe inzwischen einen 5 jährigen Sohn. Ich habe mich immer nur um ihn gekümmert und darum was andere davon denken was ich für eine Mutter bin... Habe mich teilweise sehr gehen lassen und nicht mehr viel für mich gemacht. Im Januar 2016 war ich dann endlich soweit was für mich selbst zu tun! Ich habe sehr lange das Programm nur verfolgt und mich dann endlich dazu überwunden es anzugehen. Ich bin so unglaublich glücklich und stolz es geschafft zu haben und auch weiter so zu leben. Dieser Lifestyle ist drin. Auch wenn man nicht überall im eigenen Umfeld Unterstützung bekommen hat, es war egal. Es wurde durchgezogen. Weil es einfach das erste Mal war, dass ich etwas für mich selbst gemacht habe. Inzwischen sind 8kg weg, und die zweite Runde steht auch an! Danke an Alex und Marie für das super Programm und die unglaubliche Unterstützung tagtäglich mit diesem immensen Engagement und der Bereitschaft uns ständig mit Rat und Tat zur Seite zu stehen! Und natürlich an die Gruppe die ständig für einen da ist und versucht zu motivieren! Danke!

be Veggie

Zutaten

Boden:
10 Vollkornkekse
30g Puderxucker light
1 TL Salz
80 g geschmolzene Mandelbutter/ optional Kokosbutter

Creme:
450g Frischkäse 0,2%
100-120g Xucker light (geht auch mit reichlich weniger)
1 TL Vanille Extrakt (optional Flavour drops Vanille und oder Zitronen Aroma)

Überzug:
ca 200g (evtl mehr nötig) Schokolade Zartbitter oder und Vollmich gemischt

Gericht

1. die Kekse in einem Gefrierbeutel klein schlagen/ zerbröseln
2. Butter schmelzen
3. Zutaten vermengen und auf einem Blech ausbreiten und etwa 0,5 bis 1 cm hoch fest drücken
4. das ganze ca 30min ins Gefrierfach
5. Frischkäse, Aromen und Xucker light vermengen und dann auf den Boden ca 1cm dick verteilen
6. für ca 2h ins Gefrierfach
7. Schokolade im Wasserbad schmelzen, erst wenn diese geschmolzen ist den Cheesecake aus dem Gefrierfach holen und in kleine Quadrate schneiden
8. diese dann in die Schokolade eintauchen und auf einem Gitter abtropfen lassen
9. danach wieder ins Gefrierfach und erst kurz vorm Auftischen herausholen

No-Carb-Pancakes

von
Gina

Zutaten

Zutaten für 1 Person:

200g Eiklar (oder 1 Ei und 150g
Eiklar)
50g Magerquark
15g Proteinpulver (Wheyprotein Geschmack nach Gusto)
n.B. Zimt, Süssungsmittel wie
Flavdrops oder Xucker
Etwas Kokosöl zum Ausbacken

Gericht

1. Alle Zutaten bis auf das Öl miteinander vermengen.
2. Am besten mit einem Mixer oder Handmixer.
3. Wenn alles schön schaumig und dickflüssig ist, in einer sehr gut beschichteten Pfanne das Kokosöl erhitzen und die Pancakes einzeln ausbacken.
4. Tipp: lediglich für den 1. Pancakes wird Öl benötigt. Nach dem ersten Wenden des ersten Pancakes die Temperatur reduzieren und bei etwas mehr als mittlerer Temperatur nun die folgenden Pancakes ausbacken.
5. Sie schmecken am besten mit frischen Erdbeeren, Blaubeeren oder Himbeeren.
6. Die Beeren können auch gefroren auf die Pancakes gegeben werden so hat man ein heiß-kaltes Geschmackserlebnis.
7. Als Topping machen sich kalorienfreie Sirups oder Xucker hervorragend.

Natürlich können die Beeren oder auch Apfelscheiben direkt mit eingebacken werden. Aber Vorsicht! Sie verbrennen leicht in der Pfanne und werden dann bitter.

Guten Appetit!

Whey Protein Eis

von Nadja

Hallo mein Name ist Nadja Ropkas ich bin 22 Jahre alt und bin durch Facebook auf das Programm gestoßen. Ich versuche schon seit meinem 14 Lebensjahr meiner persönlichen Traumfigur näher zu kommen. Ich habe in der Vergangenheit vieles ausprobiert und war so fixiert und fokussiert darauf endlich zufrieden mit mir zu sein, doch es waren immer nur kurze Lichtblicke, die ich in den vergangenen Jahren hatte ,die wirklich nur kurz angehalten haben. Ich bin dann irgendwann in die Bulimie auch Ess-Brechsucht genannt gerutscht. Bereits in den ersten Wochen sah ich Erfolge und wurde mental noch stärker und selbstbewusster. Dann kamen dann auch die Bewunderungen von meinem Umfeld wie toll ich mich ja gemacht habe. Ich habe nicht nur andere tolle Menschen in der Facebook Gruppe von 69 Days Ladies Workout kennen gelernt, sondern auch mich von einer ganz anderen Seite kennen gelernt. Mittlerweile liebe ich mich und meine Figur so sehr. Ich bin heute fast 1 Monat aus dem Programm und ernähre mich immer noch genau so bewusst wie im Programm selbst und habe sichtbar weitere Erfolge erzielt. Mein Lebensstil hat sich wirklich komplett verändert. Wenn du willst schaffst du alles du musst nur an dich glauben... An dieser Stelle kann ich wieder nur sagen Danke Alex und Marie

Zutaten

Zutaten für 3 Brötchen

30g Whey Protein Pulver nach Belieben
300g Wasser

Was du dafür benötigst:
Eisbehälter
Oder ein Becher und ein Teelöffel der als Stiel dient

Gericht

1. Whey Pulver mit Wasser wie einen Shake schütteln
2. In das jeweilige Gefäß geben "Stiel" rein
3. Ins Kühlfach bis es gefroren ist
4. Aus dem Kühlfach holen und 5 Min. stehen lassen
5. Eis mit dem Stiel aus dem Gefäß nehmen

Erdbeermuffins / Erdbeergugelhupfe

von
Nadja

Zutaten

Zutaten für 2 Personen

2 Eier
150 g Erdbeeren
100 g Magerquark
65 g Eiweißpulver Vanille
2 TL Backpulver
Süße nach Wahl und Belieben
50 g weiche Butter

Gericht

1. Ofen auf 180° Grad vorheizen
2. Erdbeeren klein schneiden
3. Alle Zutaten außer die Erdbeeren zu einem Teig vermengen
4. Die Hälfte des Teigs in die Förmchen füllen
5. Kleingeschnittene Erdbeeren darauf verteilen
6. Restlicher Teig auf die Erdbeeren geben
7. Etwas andrücken
8. Die Förmchen bei 180° Grad ca. 12 min backen
9. Muffins aus den Förmchen stürzen und genießen!

M ini Donuts (gleichzeitig Waffelteig)

von Nadja

Zutaten

Zutaten für 3 Brötchen

3 Eier
500g Magerquark
1,5 Tl Backpulver
4 El Haferkleie (40g)
2 El Speisestärke
Flavedrop nach Belieben

Was du noch brauchst:
Waffeleisen oder Donutmaker

Gericht

1. Alle Zutaten zusammen mixen
2. Ins eingefettete Waffel oder Donuteisen geben

TIPP:
Wenn der Teig zu sehr am Eisen klebt, kann man noch ein bisschen Speisestärke reingeben

Mandelhaferflockenproteinriegel

von Britta

Im Jahre 2015 habe ich mich entschieden was zu ändern, habe dieses Programm entdeckt und mich von heute auf morgen entschieden zwei Tage später zu beginnen, es war die beste Entscheidung die ich treffen konnte. Es hat mein Leben und mein Bewusstsein verändert.

Ich habe gelernt dass gesunde Ernährung nicht nur unglaublich viel Spaß macht, sondern auch die Liebe zum Sport und wie man seinen Körper von zu Hause aus transformieren kann.

Eine Veränderung ist meiner Meinung nach in erster Instanz mit Verzicht verbunden und wenn man das erstmal gelernt hat ein gesunden Lifestyle zu führen wird man entdecken wie viele Dinge man gar nicht mehr braucht oder durch gesunde ersetzen kann.

Eine kleine Naschkatze bin ich und werde ich auch immer bleiben, denn auf alles kann man nicht verzichten und möchte ich auch nicht. Es gibt aber so viele gute Möglichkeit auch gesunde Naschereien zu genießen.

Man lebt nur einmal und das Leben was wir haben sollten wir genießen!

Zutaten

300g Magerquark
200g Haferflocken
1 EL Erdnusscreme
50g Mandelsplitter
4 Eier
15g Kokosflocken
Ca. 50g neutrales Whey
Flavour Drops bzw. ein anderes Süßungsmittel
Eventuell etwas Honig für Glasur

Gericht

1. Alle Zutaten zu einer Masse zusammen gut zusammen mischen.
2. Optional kannst du noch ein Stück Zucchini reinraspeln, dann werden die Riegel nicht so trocken, ist aber kein muss.
3. Die Masse auf ein mit Backpapier belegtes Backblech streichen und bei Ober und Unterluft Hitze bei 180 Grad für 20 Minuten in den Ofen.
4. Das Blech raus und die schon feste Protein Masse mit Honig bestreichen wenn man möchte und nochmal für ca. 5 Minuten in den Ofen.
5. Danach abkühlen lassen und zu Riegeln schneiden.
6. Es kommen ca. 12 Riegel, je nachdem in welche Größe man diese schneidet, bei raus.

herzhaft
& pikant

Thai-Hühnchen mit Zucchininudeln in Chilierdnusssauce

von Anne

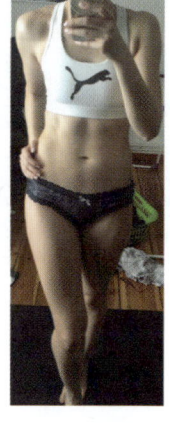

Ich hatte immer die Körperstatur skinny fat. In Kleidung sah ich immer schlank und gut aus, im Bikini habe ich mich allerdings immer unwohl gefühlt, besonders neben denen, deren Bauchmuskeln man klar erkennen konnte, wo bei mir nur eine schwabbelige Speckschicht war. Dank dem Programm und der Unterstützung von Marie und Alex und der Ladies in der Facebookgruppe kann ich mich nun endlich stolz am Strand sehen lassen. In Grundzügen ernähre ich mich auch jetzt noch nach dem Programm, lasse aber auch gesunde Fette wie Nüsse immer öfter einfließen. Ich konnte sogar noch einige Erfolge nach dem Programm verbuchen und freue mich über meinen gesunden, neuen Lebensstil.

Zutaten

Zutaten für 3 Personen

4 Esslöffel Traubenkernöl
400 g Hähnchenfilet
2 Zucchini
1 Möhre
1 rote Paprika
3 Frühlingszwiebeln
1 Knoblauchzehe
4 Esslöffel Erdnussbutter
1 Limette
3 Esslöffel Sojasauce
1/2 Teelöffel Ingwer
(ca. 1,5 cm)
1/4 Teelöffel Chiliflocken

Nach Bedarf:
35 g Sojabohnensprossen
Sesam zum Ganieren
4 El Koriander

Gericht

1. Für die Sauce Knoblauch und Ingwer schälen und fein hacken.
2. Limette halbieren und entsaften.
3. In einer kleinen Schüssel Knoblauch mit Erdnussbutter, Sojasauce, Limettensaft, Ingwer und Chiliflocken vermischen.
4. Hähnchenfilets in Streifen schneiden. Die Möhre Schälen. Zucchini und Paprika waschen. Letztere entkernen und in feine Streifen schneiden. Möhre und Zucchini mit Hilfe eines Spiralschneiders in dünne Fäden schneiden.
5. In einer Pfanne 2 EL Traubenkernöl erhitzen und die Hähnchenstreifen von jeder Seite 4 Minuten gold braun braten. Anschließend aus der Pfanne nehmen und beiseite stellen.
6. In derselben Pfanne das restliche Traubenkernöl erhitzen und Zucchini- sowie Möhrenspiralen 2 Minuten braten. Danach aus der Pfanne nehmen.
7. Frühlingszwiebeln und (je nach Geschmack) den Koriander waschen. Die Frühlingszwiebeln in dünne Ringe schneiden. Korianderblätter von den Stängeln zupfen, fein hacken und ebenfalls kurz in die Pfanne geben
8. Zucchini- und Möhrennudeln, je nach Geschmack Sojabohnensprossen sowie Hähnchen- und Paprika-streifen in die Schüssel mit Koriander und Frühlings-zwiebeln geben. Die Erdnuss-Sauce darüber verteilen und mit den Zutaten vermengen.
9. Danach mit Sesam ganieren.

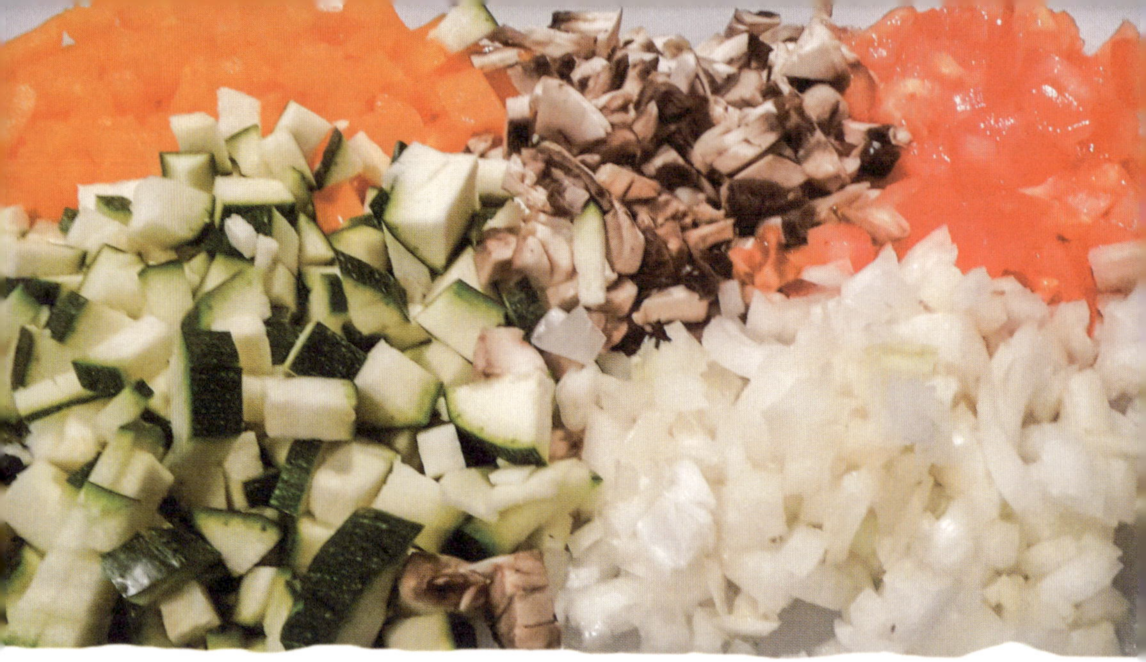

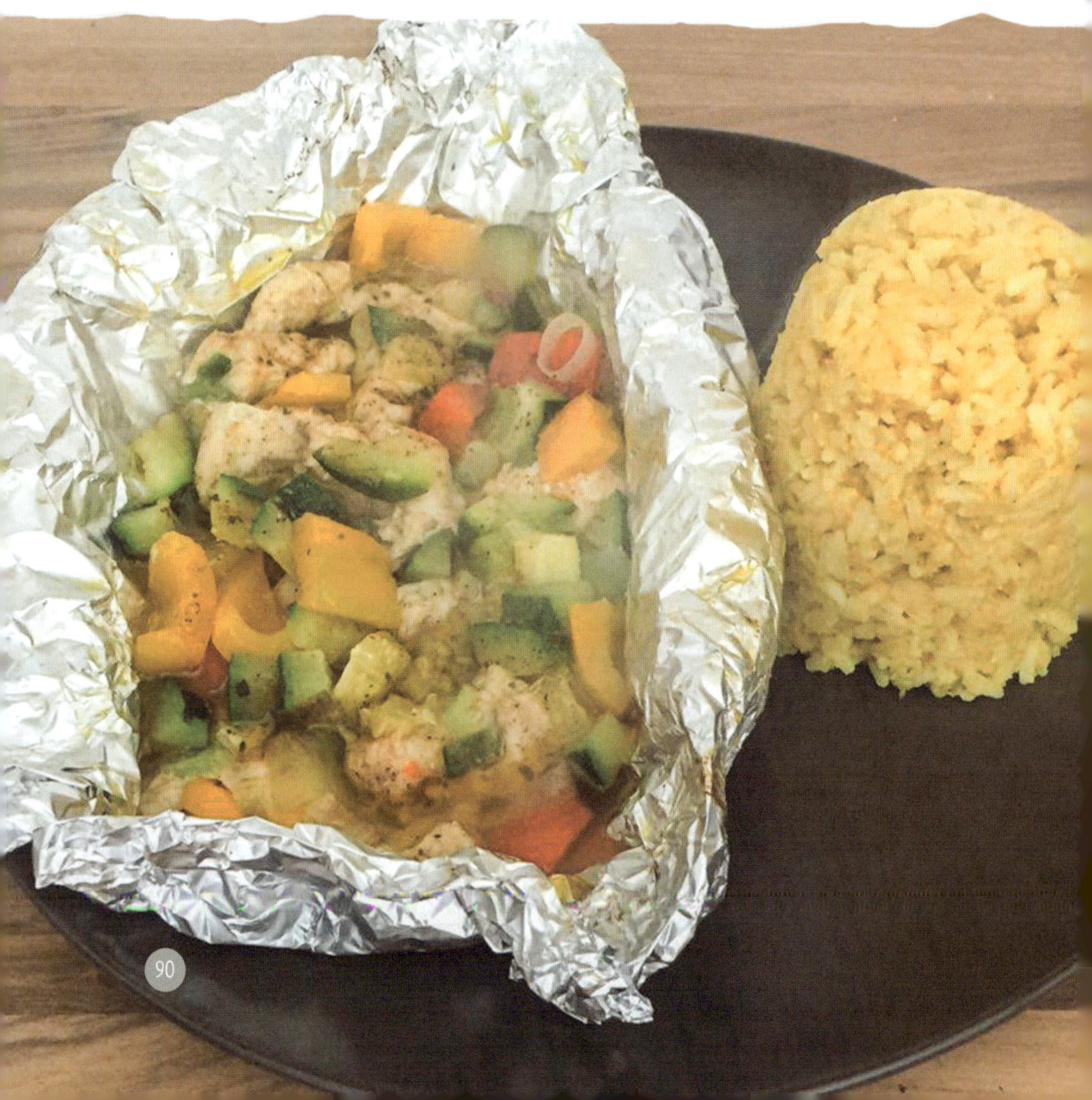

Hähnchen mit Ofengemüse und Curry Reis

von Leonie

Ich habe Runde 1 vom 69 Days Ladies Star Workout hinter mir und liebe dieses Programm. Ich habe knapp 8kg, 5cm an der Brust, 8cm an Taille und Po und 6cm an beiden Oberschenkeln verloren. Ich habe bevor ich auf das Programm aufmerksam wurde, schon 12 kilo durch Low Carb abgenommen aber irgendwann gemerkt, dass ich damit nicht mehr glücklich war und es irgendwann auch einfach nicht weiter ging. Und genau das ist das was mir bei dem Programm so gefälllt. Der Mix aus Kohlenhydraten, Gemüse und Fleisch/Huhn/Fisch und dem Sportplan ist eine ausgewogene, gesunde Art und Weise Gewicht zu verlieren und auch den Körper zu straffen! Klar verlangt es auch viel Disziplin und Durchhaltevermögen, aber die Mädels, die einem zeigen, dass sich das Durchhalten lohnt und Alex Marie so viel Herzblut in das Programm und die Gruppe stecken-bringen einem tag täglich die Motivation und Disziplin wieder!!!
Ich bin so dankbar, dass es dieses Programm gibt! Hinzukommend muss ich sagen, dass ich vorher noch nie so eine Gruppe erlebt habe, die so einen starken Zusammenhalt hat und welche einen tagtäglich motiviert.

Danke Alex und Marie!!

Und an alle Ladies: Besiegt euren Schweinehund! Stay strong and focused!

Zutaten

Zutaten für 1 Personen

Naturreis
150gr. Hähnchenbrust
Gemüse nach Belieben,
hier: 1 Zucchini
Rote Paprika
Gelbe Paprika
Lauchzwiebel

Gericht

1. Den Reis normal in Salzwasser kochen. Ein paar Tropfen Öl dazu geben und so viel Curry wie man für den Geschmack mag.

2. Hähnchenbrust, Paprikas und die Lauchzwiebeln klein schneiden. Anschließend ein Alufolienschiffchen bauen und ein wenig Öl und ordentlich Salz, Pfeffer und Gyrosgewürz dazu geben und mit dem Hähnchen vermischen. Das Gemüse dann zum Hähnchen hinzufügen und nach Belieben nochmal würzen und ein Päckchen formen.

3. Alles dann bei 200 Grad Ober-Unterhitze in den Backofen.

4. Danach am besten den Hähnchengemüsemix zum Reis direkt heiß aus der Alufolie genießen, durch den Gemüsesaft benötigt man auch keine Soße:)

Vollkornspaghetti mit einer Gemüsethunfischsoße

von
Leonie

Zutaten

Zutaten für 3 Personen

1 kleine Zucchini
1 Paprika
1 kleine Zwiebel
6 Champignons (optional)
1 Tomate
1 Zehe Knoblauch (optional)
Vollkornspaghetti
1 Dose Thunfisch (in eigenem Saft)
1 Packung passierte Tomaten

Gericht

1. Alles in kleine Würfel schneiden.
2. 1 EL Öl in die Pfanne und zuerst die gewürfelte Zucchini, Paprika, Tomate und Champignons kurz anbraten, dann die Zwiebeln dazu anbraten. Optional kann auch noch eine Zehe Knoblauch dazu gepresst werden. Nebenbei die Vollkornspaghetti in Salzwasser köcheln lassen.
3. Nachdem das Gemüse gebraten ist, die passierten Tomaten dazu geben und nach Belieben mit Salz, Pfeffer und Kräutern würzen. Zum Schluss den Thunfischsaft abschütten und den Thunfisch zu der Soße dazu geben.
4. Spaghetti anschließend mit der Soße anrichten - Fertig! Eignet sich perfekt zum Vorkochen :)

Asiapfanne mit Hähnchenfilet oder Putenfilet

von Annina

Ich bin 26 Jahre und habe inzwischen einen 5 jährigen Sohn. Ich habe mich immer nur um ihn gekümmert und darum was andere davon denken was ich für eine Mutter bin... Habe mich teilweise sehr gehen lassen und nicht mehr viel für mich gemacht. Im Januar 2016 war ich dann endlich soweit was für mich selbst zu tun! Ich habe sehr lange das Programm nur verfolgt und mich dann endlich dazu überwunden es anzugehen. Ich bin so unglaublich glücklich und stolz es geschafft zu haben und auch weiter so zu leben. Dieser Lifestyle ist drin. Auch wenn man nicht überall im eigenen Umfeld Unterstützung bekommen hat, es war egal. Es wurde durchgezogen. Weil es einfach das erste Mal war dass ich etwas für mich selbst gemacht habe. Inzwischen sind 8kg weg, und die zweite Runde steht auch an!
Danke an Alex und Marie für das super Programm und die unglaubliche Unterstützung tagtäglich mit diesem immensen Engagement und der Bereitschaft uns ständig mit Rat und Tat zur Seite zu stehen! Und natürlich an die Gruppe die ständig für einen da ist und versucht zu motivieren! Danke!

Zutaten

2 kleine Portionen oder eine große gegen Ende des Programms

120 g Lauch
3 Pilze
150g Zucchini
120g Paprika
1 Pfirsich (2 Hälften aus der Dose, vorher abtropfen lassen und abwaschen)
Nutriful Tomaten Basilikum Soße nach Bedarf
1 Zwiebel
1 Knoblauchzehe
etwas Ingwer (nach Geschmack)
250g Hähnchenfilet/Putenfilet
1 El Olivenöl
Currypulver, Paprikapulver, Salz, Pfeffer

Gericht

1. Gemüse waschen, in kleine Würfel schneiden
2. Zwiebeln, Knoblauch und Ingwer mit 1 EL Öl in der Pfanne anschwitzen und mit etwas Curry gleich würzen
3. restliches Gemüse hinzufügen und anbraten, mit Salz Pfeffer Parpikapulver und Curry würzen
4. Hähnchen(Puten-)filet in kleine Stücke schneiden und mit Curry und Paprikapulver würzen und mit anbraten in der Mitte der Pfanne und durchziehen lassen
5. wenn es durch ist etwas Wasser und Tomaten Basilikum Soße nach Geschmack hinzufügen
6. abgetropfte Pfirsichhälften in Würfel schneiden und dazugeben
7. nochmal abschmecken und anrichten! :)

Rinderhackrolle mit Brokkoli

von
Annina

Zutaten

Zutaten für 1 Personen

150g Rinderhackfleisch
½ Mozzarella Kugel (70g)
3 Scheiben Hähnchenfilet Aufschnitt (ca 27g)
1 Knoblauchzehe
1 große Tomate (125g)
Salz, Pfeffer, Paprikapulver
1 EL Olivenöl
1 Handvoll Brokkoli (90g)
Basilikum

Gericht

1. Ofen vorheizen bei 180°
2. Tomate, Knoblauchzehe, Hähnchenfilet Aufschnitt, Mozzarella und Basilikum sehr klein schneiden und mit Salz und Pfeffer würzen und vermengen
3. Hackfleisch mit Paprikapulver Salz und Pfeffer (evtl Gewürzmischung für Hackfleisch) würzen und gut vermengen;
4. Hackfleisch in einer Auflaufform flach drücken und Tomatenmischung s.o. In die Mitte geben und das Hackfleisch darum rollen und zumachen
5. das ganze in den Ofen geben für ca 25 min (je nach Ofen unterschiedlich)
6. währenddessen Brokkoli waschen und mit Salz weich kochen (im Dampfkochtopf geht es schneller)

anrichten :)

DELIKATESS
Hähnchenbrust
Filetroulade
SPITZENQUALITÄT
HAUCHDÜNN
GESCHNITTEN
MOZZARELLA

K ohlroladen & Gefüllte Paprika

von Christina

Für mein Alter habe ich einige Diäten schon durch... Ich schwankte immer zwischen +/-10 kg. Richtig Glücklich war ich allerdings nie, da man durch die Diäten so viele Verbote hatte das man nicht das Gefühl hatte leben zu dürfen. Durch das 69DaysWorkout lernte ich mich neu zu finden, mich auch so zu nehmen wie ich bin und nicht den Trends nach zu jagen. Meine Einstellung zu gesunden und ungesunden Nahrungsmittel hat sich komplett verändert. Ein Schokoriegel zwischendurch ist für mich keine befriedigung mehr, da ich weiss welche Auswirkungen das auf meinen Körper hat.

Ich verzichte natürlich auch nicht auf ein Stück Kuchen, allerdings ist das nur eine Ausnahme und keine Regelmässigkeit, wie in der Zeit vor dem Programm. Ich bewundere Marie und Alex für ihre Hilfe. Sie sind immer für einen da, wenn man fragen oder Probleme hat.

be Veggie

Zutaten

ca. 4-6 Portionen

1Kg Hähnchenhackfleisch
1-2 klein gewürfelte Zwiebel
2 Knoblauchzehen
Salz, Pfeffer, Paprika scharf
4 Spitzpaprika
1 Weisskohl
1 Zwiebel
1 rote Paprika
2 Blätter Weisskohl
2 Tomaten
1 EL Olivenöl

Gericht

1. Hähnchenhackfleisch, Zwiebel, Knoblauch, Salz, Pfeffer und Paprika miteinander vermengen.

2. Vom Weisskohl das Ende abschneiden und soweit wie möglich den „Stiel" entfernen, damit die Blätter beim kochen von alleine sich lösen.

3. Weisskohl in kochendes Wasser geben und nach einigen Minuten Kohlblätter ablösen.

4. Von der Spitzpaprika das Innere entfernen und säubern.

5. Das gewürzte Hackfleisch in die Paprika füllen und auf die Weisskohlblätter geben.

6. Aus den Weisskohlblätter eine „Tasche" / Roulade formen.

7. Die gefüllten Paprika und Kohlrouladen in einen Topf geben.

8. Zwiebel, Paprika, Weisskohl, und Tomaten kleinschneiden und in einer Pfanne mit Olivenöl kurz anbraten. Mit Salz, Pfeffer und Paprika gut würzen. Das ganze in den Topf mit den Paprikas und Kohlroladen geben und mit 400-500 ml Wasser übergiessen.

9. Das Ganze ca 15 min köcheln lassen.

Wenn man ein anderes Hackfleisch verwendet wie zum Beispiel Rinderhackfleisch, 10 Minuten länger köcheln.

Thunfisch-Pizza mit Blumen-kohl-Boden

von Christina

Zutaten

Zutaten für den Boden
180g Blumenkohl
1 Ei
1 kleine Schalottenzwiebel
Salz, Pfeffer (Knoblauch)

Zutaten für den Belag
1/2 Dose Thunfisch
(1 Ei optional)
2-3 Cocktailtomaten
1 kleine Schalottenzwiebel
etwas gelbe und rote Paprika
gewürfelt
Salz, Pfeffer, Kräuter (optional
etwas Tomate-Basilikum Sauce
von Nutriful)

Gericht

1. Für den Boden den Blumenkohl und die Zwiebel kleinhäckseln (in der Küchenmaschine oder bei mir hat sich der Quick-Chef von Tupper etabliert!), mit dem Ei vermischen und gut würzen

2. Boden je nach gewünschter Dicke auf ein Backblech geben und 20min bei 200 Grad vorbacken

3. Für den Belag Thunfisch gut abtropfen lassen, Tomaten in Scheiben, Paprika in Würfel und Zwiebel in Ringe schneiden

4. Pizzaboden belegen und nochmals nach Wunsch würzen und für weitere 20min in den Ofen geben (das Spiegelei - optional- gebe ich ca 10 min vor Ende erst auf die Pizza

Blumenkohltorte

von
Christina

Zutaten

ca. 4-6 Portionen

500g Hackfleisch (Hähnchen)
2 Knoblauchzehen
½ kleingewürfelte Zwiebel
1 EL Paprikapulver (Edelsüß)
1 EL Oregano
Salz , Pfeffer
1 Blumenkohl

Gericht

1. Ein Blumenkohl in gesalzenem Wasser ca. 8 Minuten kochen, danach kurz abschrecken.
2. Hackfleisch, Ei, gepresste Knoblauchzehen, Paprikapulver, Zwiebel, Oregano, Salz und Pfeffer miteinander vermengen.
3. Blumenkohl auf ein eingefettetes Backblech geben und dann mit der Hackmasse (eine ca. 2 cm dicke Schicht) bedecken.
4. Blumenkohl bei 150°C Umluft / 175°C E-Herd ca. 20-30 Minuten backen.

Vollkorn Spaghetti mit Spinatpesto & Ofenhähnchen

von Christina

Zutaten

ca. 4-6 Portionen

Zutaten für das Pesto:
1 Packung Spinat
1EL Olivenöl
Salz, Pfeffer, Paprika
1 Zwiebel
1 Topf Basilikum
1 EL Pinienkerne
2 Knoblauchzehen

Zutaten für den Rest:
250g Vollkorn Spaghetti
1 Packung Hähnchenbrust
(500-600 g)
EL Curry
1 EL Olivenöl
1 Knoblauchzehe
1 Zwiebel
Salz, Pfeffer

Gericht

1. Pesto: Spinat waschen und in einem Topf zerfallen lassen, in einem Multizerkleinerer mit Olivenöl, Salz, Pfeffer, Paprika, Zwiebel, Basilikum, Knoblauch und Pinienkerne zerkleinern.

2. Bei dem Spinatpesto ist es wichtig es gut zu würzen, da es sonst sehr fad schmeckt.

3. Das Hähnchen mit Curry, Olivenöl, Knoblauch, Salz und Pfeffer würzen.

4. Die Zwiebel in Ringe schneiden und alles miteinander vermengen.

5. Das Ganze kurz ziehen lassen.

6. In der Zwischenzeit die Vollkorn Spaghetti in Salzwasser kochen bis sie bissfest oder durch sind (je nach Geschmack).

7. Das marinierte Hähnchen bei 180° C Umluft ca. 20-25 Minuten garen lassen.

Tipp: Das Hähnchen würde ich nicht zu lange im Backofen lassen, da es sonst schnell trocken wird

Die Spaghettis kurz in einer Pfanne anbraten und die Hälfte vom Pesto dazu geben und alles miteinander vermengen. Spaghetti mit dem Hähnchen anrichten.

Cleaner Döner

von Jenny

Motivationsspruch: Sei dankbar für das, was du hast, während du für das arbeitest, was du willst!

Vanessa und ich sind beste Freundinnen und uns manchmal schon erschreckend ähnlich.Wir haben 69-days-Ladies gemeinsam für uns entdeckt.

Wir waren nicht „dick" als wir mit dem Programm angefangen haben, aber trotzdem total unzufrieden mit unseren Körpern. Wir wollten etwas verändern, anstatt weiter zu meckern.

Also haben wir mit dem Programm begonnen und was soll ich sagen der Lifestyle hat uns gepackt und uns zu einer neuen Lebensweise inspiriert.

Danke liebe Marie und lieber Alex für dieses wundervolle Programm.

Zutaten

Zutaten für 2 Personen

4 Eiweiß
2 Eigelb
200 g Hänchenbrustfilet oder geschnetzeltes
125 g Magerquark
1 rote Zwiebel
2 Tomaten
1 Gurke

Gewürze: Knoblauch, Kreuzkümmel, Paprika, Pfeffer und Salz

Kräuter: frischer Schnittlauch

Zum Verfeinern des Brotes: Sesamsamen ungeschält

Gericht

Das Brot (Oopsies):

1. Die Eier trennen und das Eigelb mit den Gewürzen (Paprika, Salz und Pfeffer) würzen.
2. Das Eiweiß schön steif schlagen und die Masse unterheben ggf. ein paar Sesamsamen dazugeben.
3. Die Masse in zwei ovalen Haufen auf ein mit Backpapier ausgelegtes Backblech geben.
4. Nach Belieben die Dönertasche mit Sesam bestreuen.
5. Bei 180 °C ca. 15 Minuten goldbraun backen.

Der Belag:

6. Das Fleisch in kleine Stücke schneiden und in eine Auflaufform legen nach Belieben mit Knoblauch, Kreuzkümmel, Paprika, Salz und Pfeffer würzen. Etwas Öl hinzugeben und vermengen.
7. Bei 180 °C ca 15 Minuten im Ofen garen

Gemüse:

8. Die Gurke und Tomate in kleine Stücke schneiden, sowie die Zwiebel in Ringe.

Tzatziki:

9. Den Magerquark mit dem Schnittlauch vermengen. Mit Salz, Pfeffer und Knoblauch würzen.
10. Ein Stück Gurke ganz klein schneiden und hinzugeben, gut durchrühren.

Hackfleisch — Gemüse — Pfanne

von Steffi

Hallo Ihr Lieben,

ich bin 35, verheiratet und habe 2 Kinder.
Eigentlich bin ich rundum glücklich, wäre da nicht dieser ewige Kampf mit dem eigenem Körper.
Zum Glück bin ich auf 69-Days aufmerksam geworden und habe den Schritt gewagt.
Es hat mein Leben zum Positiven verändert. Und das einzige worüber ich mich ärgere ist, dass ich diesen Schritt nicht schon viel eher gemacht habe.
Eins steht für mich fest:
Wer kämpft kann verlieren
Wer nicht kämpft hat schon verloren.
Bertolt Brecht

Danke Marie und Alex

Zutaten

Zutaten für 2 Person

400g Rinderhackfleisch light
8 Champions
2 Tomaten
1 Paprika
1 Zwiebel

Gewürze:
Tandori Masala
Salz
Pfeffer
Curry
Paprika

Gericht

1. Hackfleisch anbraten und mit Tandori Masala würzen
2. klein gewürfelte Zwiebel und in Scheiben geschnittene Champions zugeben mit braten und würzen
3. Paprika und Tomaten klein schneiden mit dazu geben und leicht köcheln lassen bis die Tomaten zerfallen und somit eine schöne Soße ergeben.
4. Nach Belieben noch würzen.

Nach Belieben kann man Reis oder Nudeln dazu reichen.

Ich esse gern noch etwas Rote Beete-Salat dazu.

Dieses Gericht könnt Ihr natürlich auch abwandeln, je nachdem was ihr gerade an Gemüse zu Hause habt. Schmeckt z.B. auch super mit Zucchini.

Low-Carb-Burger-Torte

von
Gina

Zutaten

2-3 Personen

Zutaten „Teigplatten":
200g Eiklar
50g Magerquark
15g Proteinpulver (Wheyprotein Geschmacksneutral)
1 TL Flohsamenschalen
Salz und Pfeffer
n.B. Brotgewürz und Schwarzkümmel
Etwas Kokosöl zum Ausbacken

Zutaten Füllung:
400-500g mageres Rinderhackfleisch/Tartar
Etwas Knoblauch oder Knoblauchgranulat
2 mittelgroße Tomaten in Scheiben geschnitten
1/3 Eisbergsalat
1 große Zwiebel in Ringe
2-3 Gewürzgurken (aus dem Glas ohne Zucker) in Scheiben geschnitten

Zutaten Cocktailsauce:
Es werden „Kalorienfreie Soßen" benötigt (zum Bsp. von nutriful)
1 EL 1000island
1 EL Caesars
2 EL Ketchup
2 kl. TL Scharfer Senf (z. Bsp. Löwensenf)
1 Spritzer Zitronensaft
Pfeffer und Salz

Gericht

1. Alle Zutaten der „Teigplatten" bis auf das Öl miteinander vermengen. Am besten mit einem Mixer oder Handmixer.

2. Wenn alles schön schaumig und dickflüssig ist, in einer sehr gut beschichteten Pfanne das Kokosöl erhitzen und die Teigplatten einzeln ausbacken.

3. Vor dem ersten Wenden leicht mit Schwarzkümmel bestreuen.

4. Teigplatten zum Abkühlen beiseite stellen

5. Das Hackfleisch in einer Pfanne mit Pfeffer und Salz sowie dem Knoblauch schön krümelig braten und beiseite stellen.

6. Alle Zutaten für die Cocktailsauce miteinander verrühren und nach Gusto abschmecken. Frische Kräuter oder Chilis können dem ganzen noch mehr Pep verleihen.

7. Nun werden die Zutaten übereinander geschichtet.

8. Es wird mit einer „Teigplatte" begonnen. Diese wird mit etwas Sauce bestrichen.

9. Nun werden Hackfleisch und Gemüse mit aufgeschichtet. Und wieder eine „Teigplatte" darauf und diese mit Sauce bestreichen ...usw. Zum Schluss kann die restliche Sauce über die Torte gegeben werden.

10. Am besten schmeckt sie, wenn das Hackfleisch noch lauwarm ist.

Schlemmer-Garnelen-Tomaten-Pfännchen

von Gina

Zutaten

Zutaten für 4 Stücke:

90 gr rote Kidney Bohnen
50gr Banane
60 gr körniger Frischkäse light
1 Ei
40gr Haferflocken
20 gr Backkakao entölt
1 TL Backpulver
Süßstoff

Gericht

1. Die Garnelen mit etwas Olivenöl und Knoblauch und Chili marinieren und beiseite stellen.
2. Die Tomaten einritzen und mit kochendem Wasser übergießen und kurz darin liegen lassen. Sie müssen gehäutet werden.
3. In der Zwischenzeit die Zwiebel würfeln.
4. In einer tiefen Pfanne nun das Öl erhitzen und die Zwiebeln mit etwas Salz schön glasig braten. Die Schinkenwürfel dazugeben.
5. Die Tomaten währenddessen häuten und stückeln.
6. Nun die Tomaten mit in die Pfanne geben und alles mit etwas Xucker karamellisieren.
7. Es darf leicht braun werden.
8. Jetzt die Garnelen in die Pfanne geben und kurz mitgaren bis sie ihre schöne rosa Farbe haben.
9. Alles noch mit Pfeffer, Salz, Gewürzen und ggf. Noch Knoblauch und Chili sowie Xucker abschmecken und genießen.
10. Das Pfännchen eignet sich auch hervorragend als Pastasoße. Über Shiratakinudeln oder Vollkornnudeln zum Beispiel, bietet dieses Gericht ein absolutes Geschmackserlebnis mit hohem Sättigungsgehalt.

Guten Appetit

Kokos-Chicken mit Süßkartof-felpommes

von Lisa

- Champions keep going when they don't have anything left in their tank. -

Zutaten

Zutaten für 1 Person

500g Hühnchenbrust 1 Eiklar
30g Kokosraspeln Salz & Pfeffer,
Kokosfett zum Braten
2 mittelgr. Süßkartoffeln
1 EL geschmacksneutrales Öl
Salz & Pfeffer
Chili & Curry (nach Geschmack)
nach Belieben Rosmarin

Gericht

1. Die Hühnchenbrust in nuggetähnlich große Stück-chen schneiden.
2. Ein Ei trennen und das Eiweiß in eine Schüssel geben, mit Salz und Pfeffer würzen.
3. Eiweiß leicht schaumig schlagen und anschließend das Hühnchen dazu geben.
4. Deckel auf die Schüssel und alles einmal gut durch schütteln. Kokosraspeln dazu, Deckel drauf und wieder gut durch schütteln.
5. Kokosfett in einer Pfanne heiß werden lassen. Die Nuggets goldbraun anbraten.Falls diese noch nicht durch gebraten sein sollten, einfach im Ofen bei 150°weiter garen.
6. Mit dem Kokosfett bitte sparsam sein, in den Ras-peln steckt genügend davon ;-)
7. Für die Süßkartoffelpommes den Ofen auf 200° vorheizen.
8. Die Süßkartoffel schälen und in möglichst gleich dicke Streifen schneiden.
9. In eine Schale 1 EL Öl, Chili, Pfeffer und Curry geben. Die Streifen dazu und Deckel drauf. Alles gut durch schütteln.
10. Die Streifen auf ein mit Backpapier ausgelegtes Backblech verteilen und für ca. 15-20 min. (je nach Bräunungswunsch) in den Backofen.
11. Wenn die Süßkartoffelpommes auf dem Teller liegen mit Salz – am besten Meersalz – und Rosmarin verfeinern.
12. Die Nuggets dazu – FERTIG!

Vegetarischer Zucchini-Fenchel-Auflauf mit Feta

von
Miriam

Zutaten

Zutaten für 2 Personen

1x Feta Light (z. B. Salakis)
1x Veggiehack (z. B. Mühlenhof)
2x Zucchini
2x Fenchel
1x Zwiebel
1x Knoblauchzehe
1 EL Tomatenmark oder alternativ pürierte Tomate
Etwas Gemüsebrühe
Etwas Wasser
Etwas Olivenöl
Oregano, Thymian, Basilikum, Salz, Pfeffer
Pfanne, Auflaufform, Pfannenheber, Messer, Schneidebrett

Gericht

1. Die Zwiebel und den Knoblauch fein hacken, die Zucchini in Scheibchen, den Fenchel in Ringe schneiden
2. Den Backofen schon einmal auf 150°C (Heißluft) vorheizen
3. Das Veggiehack mit Knobi und Zwiebeln in etwas Olivenöl anbraten, dann die Tomaten unterheben sowie mit den o. g. Gewürzen abschmecken, danach mit etwas Wasser ablöschen und weiter braten, bis das Wasser verkocht ist
4. Eine Auflaufform mit etwas Öl einfetten und darin eine Lage Zucchinischeiben und Fenchelringe legen, danach etwas von dem Hack über die Lage Gemüse geben sowie Feta bröseln
5. Nun wieder Zucchini und Fenchel darüber schichten sowie Hack und Feta bis alle Zutaten verbraucht sind
6. Bevor die Auflaufform in den Ofen kommt noch etwas Brühe darüber geben, damit das Gemüse nicht zu trocken wird
7. Anschließend ca. 20 – 25 Minuten im Ofen backen und danach schmecken lassen

be Veggie

Low Carb Pizza mit Thunfisch-boden

von Jessica

Ich hatte immer die Körperstatur skinny fat. In Kleidung sah ich immer schlank und gut aus, im Bikini habe ich mich allerdings immer unwohl gefühlt, besonders neben denen, deren Bauchmuskeln man klar erkennen konnte, wo bei mir nur eine schwabbelige Speckschicht war. Dank dem Programm und der Unterstützung von Marie und Alex und der Ladies in der Facebookgruppe kann ich mich nun endlich stolz am Strand sehen lassen. In Grundzügen ernähre ich mich auch jetzt noch nach dem Programm, lasse aber auch gesunde Fette wie Nüsse immer öfter einfließen. Ich konnte sogar noch einige Erfolge nach dem Programm verbuchen und freue mich über meinen gesunden, neuen Lebensstil.

Zutaten

Zutaten für 1 Personen

1 Dose Thunfisch im eigenen Saft
1 Vollei
1 Eiweß
ca. 50g Hähnchen -oder Puten-brustaufschnitt
½ rote Paprika
4 mittelgroße Champignons
3 EL passierte Tomaten (man kann auch frische pürieren)
Salz, Pfeffer, getrockneter Basilikum, Oregano
50 – 60g geriebener Käse „Light" (nur bei Veggie´s Programmkonform)

Gericht

1. Die passierten Tomaten mit Salz, Pfeffer, Basilikum und Oregano würzen und abschmecken
2. Die Paprika in dünne Streifen schneiden und die Champignons in dünne Scheiben
3. Den Thunfisch abtropfen. So dass er so gut wie „trocken" ist
4. Das Vollei + einem Eiweiß schaumig schlagen, salzen und pfeffern
5. Den abgetropften Thunfisch zum Ei geben und verrühren
6. Backpapier auf ein Backblech legen und ganz leicht einölen
7. Die Masse auf dem Backpapier verteilen
8. Die Masse nun bei ca. 180° Umluft für ca. 12 – 15 Minuten ausbacken.
9. Backblech aus dem Ofen nehmen und den Boden mit der Tomatensoße bestreichen und mit den restlichen Zutaten belegen.
10. Nun die belegte „Pizza" für weitere 7 – 10 Minuten in den Ofen schieben bis der Käse geschmolzen ist bzw. bis der Belag schön durch ist.

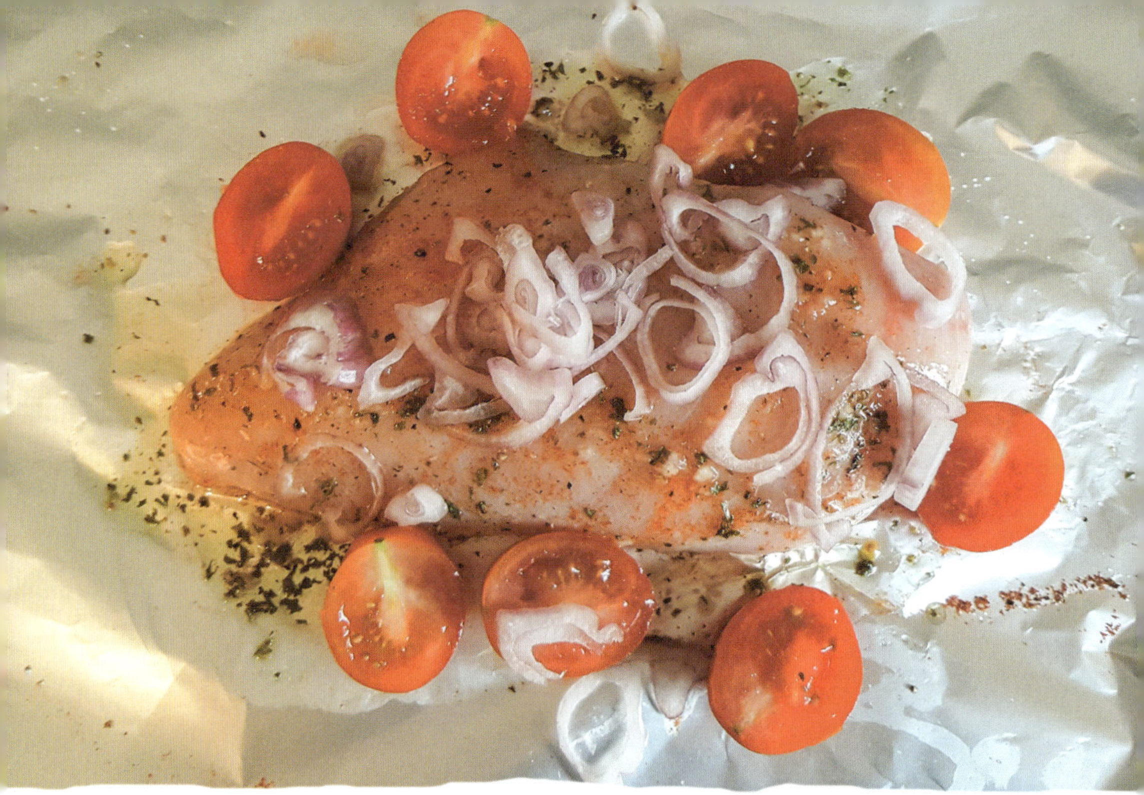

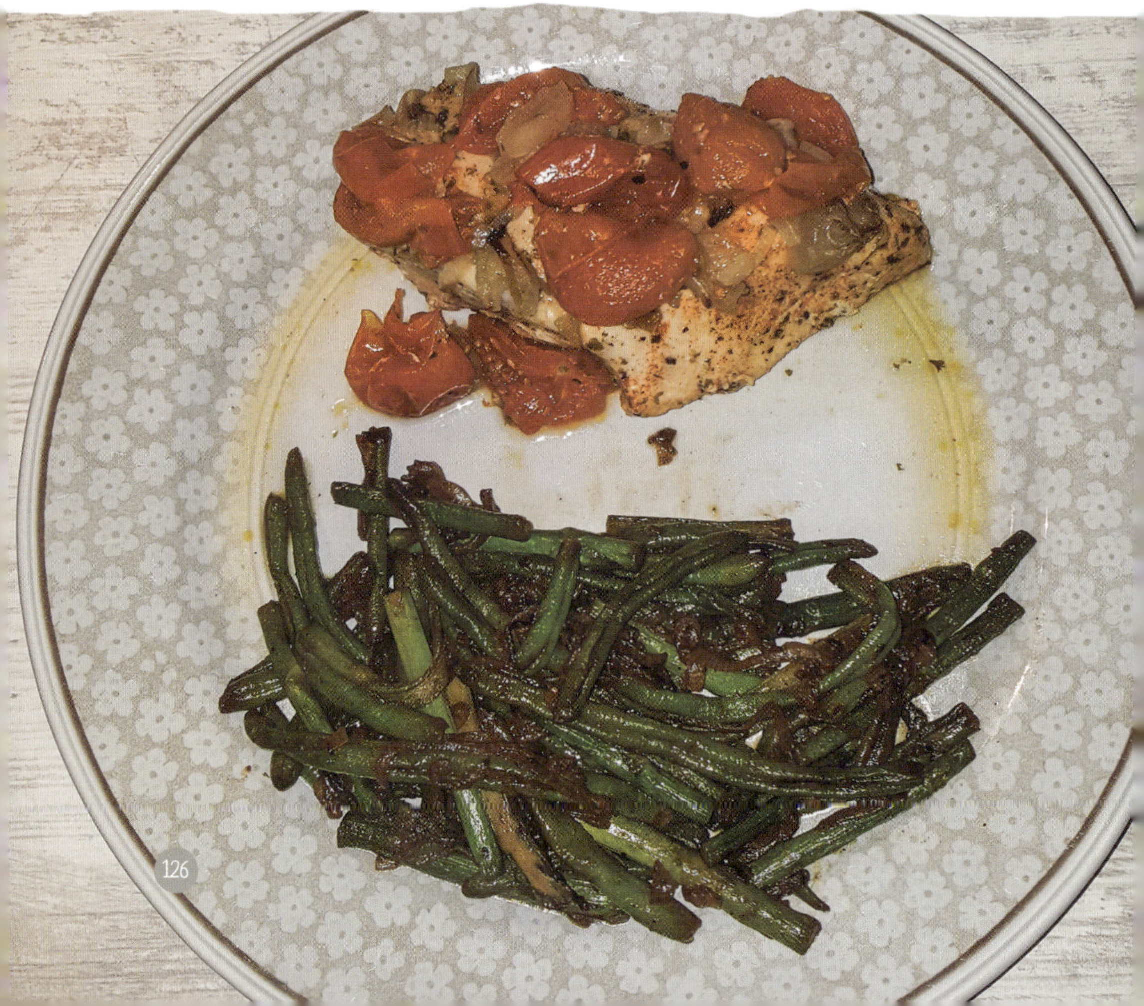

Hähnchenbrust aus dem Ofen mit Spargel-Bohnen-Gemüse

von Jessica

Zutaten

Zutaten für 1 Personen

Zutaten für die Hähnchenbrust:
150g Hähnchenbrust
3 Cocktailtomaten
1 Schalotte
1 EL Olivenöl
3 EL Wasser (still)
½ Knoblauchzehe (gepresst)
1 TL Petersilie (frisch oder TK)
Salz, Pfeffer, Paprikapulver
Alufolie

Zutaten für das Spargel-Boh-nen-Gemüse:
1 Hand voll Prinzessbohnen (TK)
1 Handvoll grünen Spargel
2 – 3 Schalotten
Salz (am besten Meersalz), Pfeffer und Paprikapulver

Gericht

1. Olivenöl & Wasser in eine kleine Schüssel geben
2. ½ Knoblauchzehe, Petersilie, Salz und Pfeffer zum Öl-Wasser-Gemisch & gut miteinander verrühren
3. Hähnchenbrust gut abwaschen und mit einem Zewa abtupfen
4. Das Fleisch auf ein etwas größeres Stück Alufolie legen und mit Salz, Pfeffer und Paprikapulver würzen
5. Nun mit Öl-Wasser-Gemisch ordentlich beträufeln
6. Cocktailtomaten um die Hähnchenbrust herum legen und die in Ringe geschnittene Schalotte auf die Hähnchenbrust legen
7. Jetzt die Hähnchenbrust mit einem weiteren Stück Alufolie abdecken und gut verschließen und für ca. 45 – 60 Min bei 160° Umluft im Ofen garen
8. In einer etwas größeren Pfanne die 3 in Ringe geschnittenen Schalotten goldbraun anbraten
9. Jetzt die Bohnen und den Spargel dazu und je nach Geschmack mit Salz, Pfeffer und Paprikapulver würzen.
10. Wenn das Gemüse bissfest ist, ist es fertig.

Zucchinifleischpflanzerl

von
Britta

„Geduld, Zuversicht und Disziplin zahlen sich irgendwann aus und ganz wichtig für das Erreichen deines Zieles, glaub an dich und an das was du kannst!"

Zutaten

Zutaten für 1 Person

500g Rinderhackfleisch
2 mittelgroße Zuccini
2 Eier
Eine Zwiebel
Drei Knoblauchzehen
Optional ca. 30g Neutrales Whey
Gewürze nach Belieben

Gericht

1. Zwiebeln und Knoblauch klein hacken. Die Zucchinis raspeln.
2. Zucchini mit einem Küchentuch gut ausdrücken, damit die Flüssigkeit verloren geht.
3. Nun die Zwiebel, Knoblauch Zuccini, Eier und Gewürzen nach Belieben mit dem Hack gut vermischen und zu Frikadellen formen.
4. Optional kannst du neutrales Eiweißpulver unter die Maße mischen, damit die Pflanzerl besser zusammen halten, ist aber kein muss.
5. Wenn die Zucchini gut ausgedrückt ist, ist kein Pulver nötig.
6. In etwa kommen 10 handgroße Fleischpflanzerl raus. Größen kannst du natürlich selber bestimmen.
7. Danach in der Pfanne anbraten, hierfür brauchst du kein Öl benutzen, da Hackfleisch Eigenfett hat.

Oopsie Burger mit Kohlrabi-Pommes

von Anja

Zutaten

Zutaten für 4 Personen

Für die Kohlrabi Pommes:
3 Kohlrabis
Pommes Frites Gewürzsalz (Alternativ geht auch Salz, Pfeffer und Paprikapulver)

Für das Burgerfleisch:
400g fettreduziertes Rinderhackfleisch
1 Ei
1 mittel große Zwiebel
2 Knoblauchzehen
Salz, Pfeffer, Paprikapulver

Für die Burgerbrötchen:
4 Eiklar
1 Eigelb
135g Frischkäse/ Magerquark (nur Für Veggies geeignet)
Salz, Pfeffer, Sesam (hell oder dunkel)

Für die Tomatensoße:
100g passierte oder frische Tomaten
½ Zwiebel
1 Knoblauchzehe
Salz, Pfeffer, italienische Kräuter

Gericht

1. Als Erstes den Ofen auf 150 Grad Umluft vorheizen
2. Den Kohlrabi in Pommes ähnliche Stifte schneiden und mit dem Pommesgewürz bestreuen und gut verteilen. Ich lasse die Stifte gern noch während der Vorbereitungen stehen, weil das dem Kohlrabi ein bisschen Wasser entzieht und sie dann nicht so weich werden.
3. Für die Bouletten werden die Zwiebel und der Knoblauch klein geschnitten und mit dem Fleisch und dem Ei vermengt. Das Ganze wird mit Salz, Pfeffer und Paprikapulver abgeschmeckt. Ich übersalze es immer ein wenig damit es nach dem Braten genau richtig schmeckt.
4. Die Fleischmasse wird zu 4 gleichgroßen Bouletten geformt und in der Pfanne von beiden Seiten gebraten bis sie durch sind.
5. Die Kohlrabistifte werden auf einem Backblech gleichmäßig verteilt und im Ofen ca. 15 bis 20 Minuten backen je nachdem wie bissfest ihr sie möchtet.
6. Für die Oopsie Burgerbrötchen werden die 4 Eiklar steif geschlagen. Separat wird das Eigelb mit Salz, Pfeffer und dem Frischkäse/ Magerquark (klappt auch super ohne Frischkäse) glatt gerührt und dann zu dem Eiklar hinzugefügt und vermischt. Die Masse wird auf dem Backblech zu 8 Brötchenhälften geformt und mit Sesam bestreut.
7. Die Oopsie Hälften werden dann bei 150 Grad ca. 15 Minuten im Ofen gebacken.
8. Für die Tomatensoße werden die Tomaten oder passierten Tomaten mit ½ Zwiebel, 1 Knoblauchzehe, Salz, Pfeffer und italienischen Kräutern (Menge je nach eigenem Geschmack) püriert. Bei diesem Rezept habe ich geschummelt und von Nutriful die Tomaten-Basilikum-Soße genommen.
9. Wenn alles fertig ist, nehmt ihr eine Burgerhälfte und belegt sie nach eigenem Geschmack mit Soße, Salat, Tomate, Boulette, Gurke etc. Ich habe mir noch ein Spiegelei dazu gemacht. Nachdem ihr alles belegt habt, deckelt ihr den Burger mit einer zweiten Burgerhälfte.

Vegetarische Ofenpaprika

Fabienne von

„Verwende jeden Stein,
der dir im Wege liegt,
als einen Neuen um deinen Weg zu ebenen."

„Kämpfe als gäbe es kein Morgen,
du wirst belohnt werden"

be Veggie

Zutaten

Zutaten für 1 Personen

2 Paprika
100 gr Zucchini
100 gr Tomaten
20 gr Zwiebeln (ca. ½)
5 gr. Petersilie
125 Mozzarella light
30 gr Gratin Käse light
2 Knoblauchzehen
Gewürze:
Salz, Pfeffer, Paprika edelsüß,
etwas Curry (sofern man möchte)
Nährwertangaben:
Kalorien: 488kcal
Kohlenhydrate: 27gr
Fette: 18gr
Eiweiß: 43gr
Zucker: 33gr

Gericht

1. Die Paprika ca. 2 cm unter dem Stiel „köpfen" und aushöhlen.
2. Die Zucchini, Tomaten, Zwiebeln, Petersilie und den Knoblauch klein schneiden. Alles in eine Schüssel geben und den Mozzarella, der auch in Hälften geschnitten wurde und dem Gratin Käse mischen.
3. Die Gewürze hinzugeben und vermischen.
4. In die Paprikas geben und in eine Form geben, damit sie nicht umfallen können.
5. Bei 180 Grad bei Umluft ca. 20 Min in den Ofen.

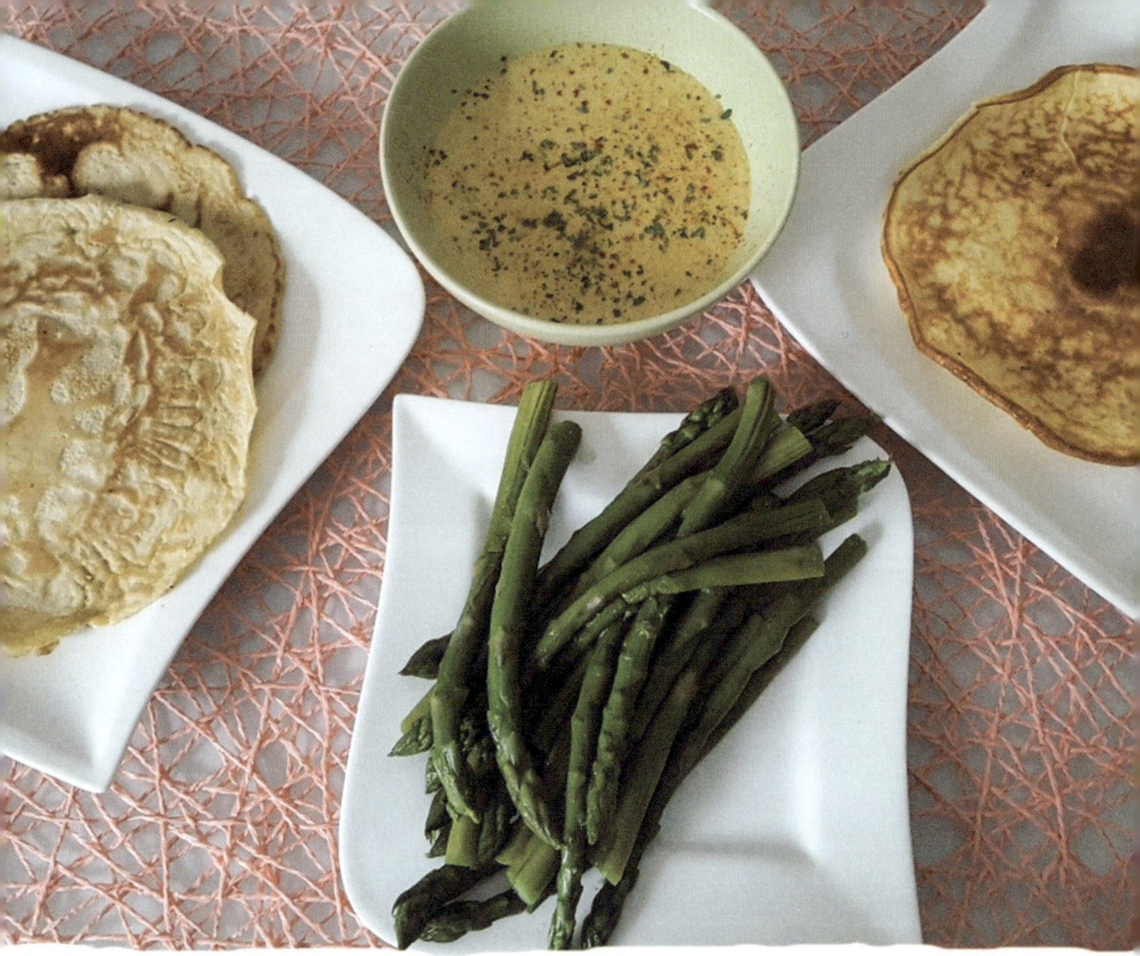

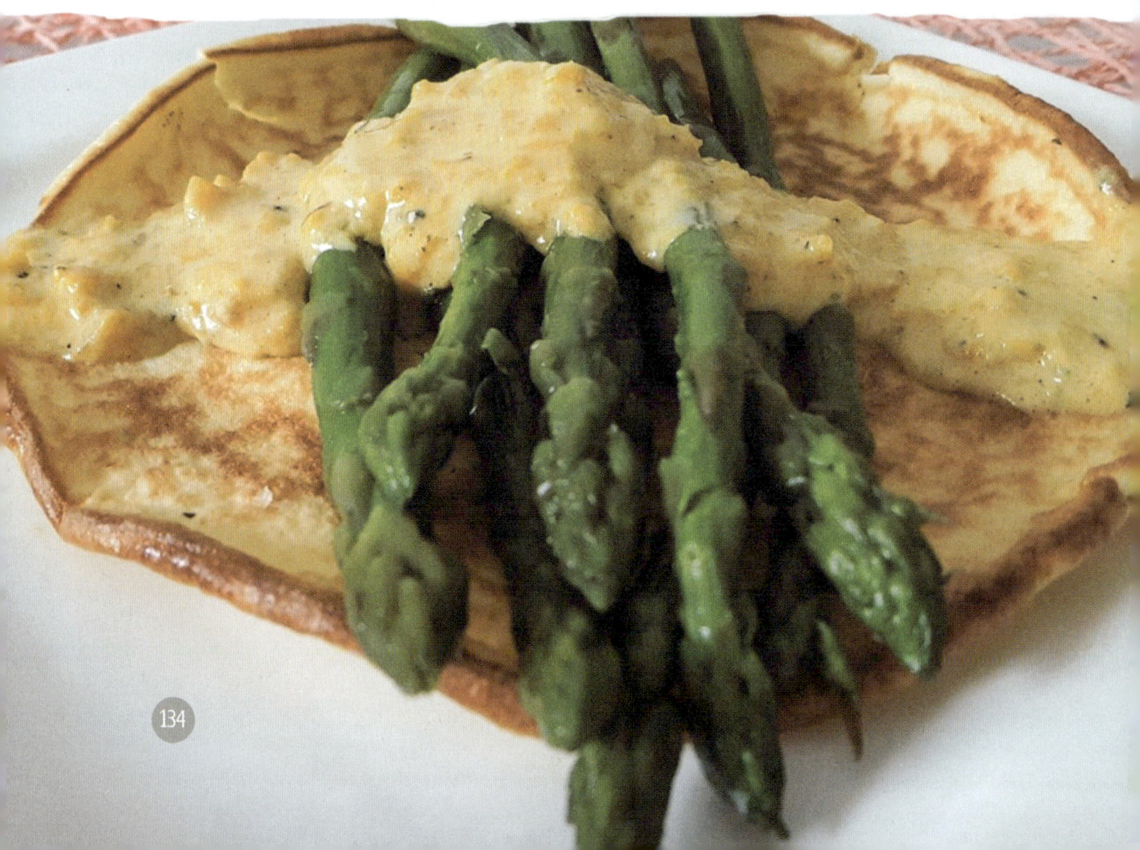

Spargel mit Pfannkuchen und Frischkäse-Paprika-Soße

von
Fabienne

Zutaten

500g Spargel
5 gr Petersilie
1 Knoblauchzehe
100g Frischkäse 0,2%
200ml Wasser

Whey-Pfannkuchen:
30g Neutrales Whey
30g Magerquark
2 Eier

Vollkorn-Pfannkuchen:
70g Weizenvollkornmehl
70ml Sprudelwasser
2 Eier

Gericht

1. Die Paprika in Würfel schneiden. Petersilie und Knoblauch klein hacken. Die Paprika in Wasser, 100ml, andünsten bis sie weich ist. Dann das restliche Wasser, den Frischkäse und die Petersilie hinzugeben. Kurz kochen lassen und pürieren.

2. Den Spargel, bei dem das Ende entfernt wurde, für 10min in Salzwasser abkochen.

3. Whey, Eier und Magerquark vermischen, so dass eine schöne Pfannkuchenkonsitenz entsteht. Den Teig in eine gut beschichtete Pfanne geben und auf der ersten Seite solange backen, dass der Teig nicht mehr flüssig ist. Danach einmal wenden und kurz in der Pfanne lassen, damit er die gewünschte Bräune bekommt.

4. Mehl, Eier und Sprudelwasser vermischen so dass eine schöne Pfannkuchenkonsitenz entsteht. Den Teig in eine gut beschichtete Pfanne geben und auf der ersten Seite so lang backen, dass der Teig nicht mehr flüssig ist. Danach einmal wenden und kurz in der Pfanne lassen, damit er die gewünschte Bräune bekommt.

Anmerkung: Aus diesen Teigvarianten stelle ich auch meinen Pizzaböden her

izzarolle

von
Jessica

Vor ein paar Jahre lernte ich meinen heutigen Partner kennen und hörte mit dem rauchen auf. Da mein Partner gerne nascht, nahm ich so über die Jahre schleichend aber kontinuierlich zu. Nachdem ich dann immer öfter verzweifelt und weinend vor meinen Schrank stand weil nichts mehr passte, mir Hosen platzten und meine Oma, die ich lange Zeit nicht gesehen hatte, direkt ins Gesicht sagte „Du bist aber dick geworden" stand für mich fest:
DU MUSST ABNEHMEN
Aber wie?
Also ab mit meinem Freund zu einer Ernährungsberaterin.
Wenig KH aber dafür gerne Fett, brachte nur schlechte Laune und tatsächlich eine Gewichtszunahme. Dann bin ich zufällig über das 69 Days Ladies Star Workout gestolpert. Nach langem hin und her habe ich mich dann angemeldet.
Durch eine perfekte Betreuung durch Marie und Alex und einen mega Support anderer Mädchen und Frauen die das Programm auch gerade durchliefen oder schon durch waren, kann ich nun auch Erfolge verbuchen.
Am Ende meiner 69 Tage hatte ich 12 Kilo weniger auf der Waage und ganze 42 cm an Körperumfang verloren.

Zutaten

180 g Quark
3 Eier
180 g Käse, geriebener

Belag nach Bedarf.

In diesem Fall:
250g Rinderhack
2 Tomaten
1 Zwiebel
Mais
Kidneybohnen
Rucola

Gericht

1. Den Backofen auf 170 °C vorheizen.
2. Für den Boden Quark, Eier und 120 g Käse in einer Schüssel verrühren und mit Pizzagewürz und Salz würzen.
3. Die Masse auf das mit Backpapier ausgelegte Backblech kippen und glatt streichen. 15 Minuten im Ofen backen.
4. In der Zwischenzeit das Hack mit den Tomaten angebraten und mit Salz, Pfeffer und Krentzkümmel würzen.
5. Das Backblech herausnehmen und den Boden mit der Hackmischung, Mais, Bohnen, Zwiebeln und dem restlichen Käse belegen.
6. Alles nochmal in den Ofen bis der Käse eine schöne Farbe angenommen hat.
7. Nun ein wenig abkühlen lassen, den Rucola auf dem Teig verteilen und einrollen.
8. In Alufolie ist die Rolle jetzt für mehrere Tage haltbar.

139

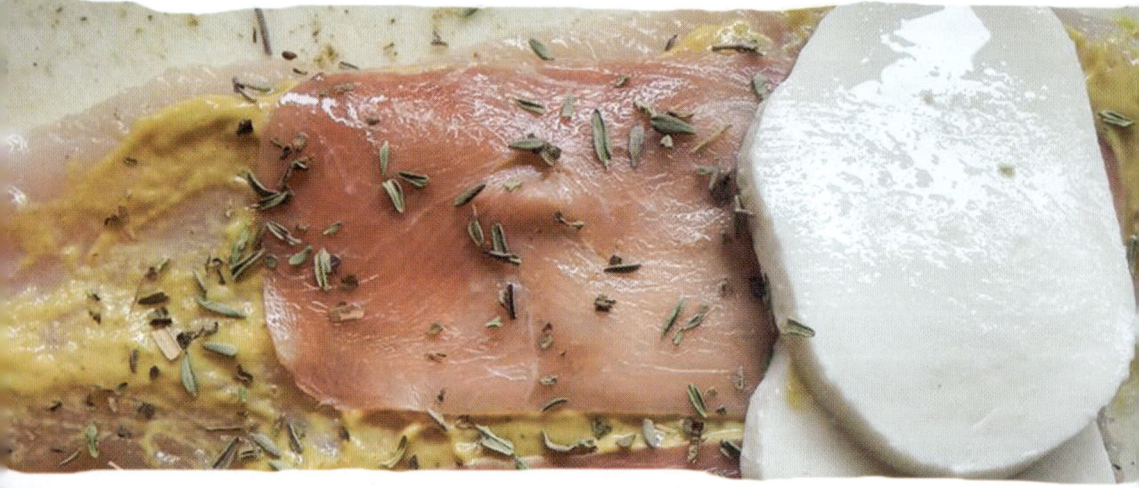

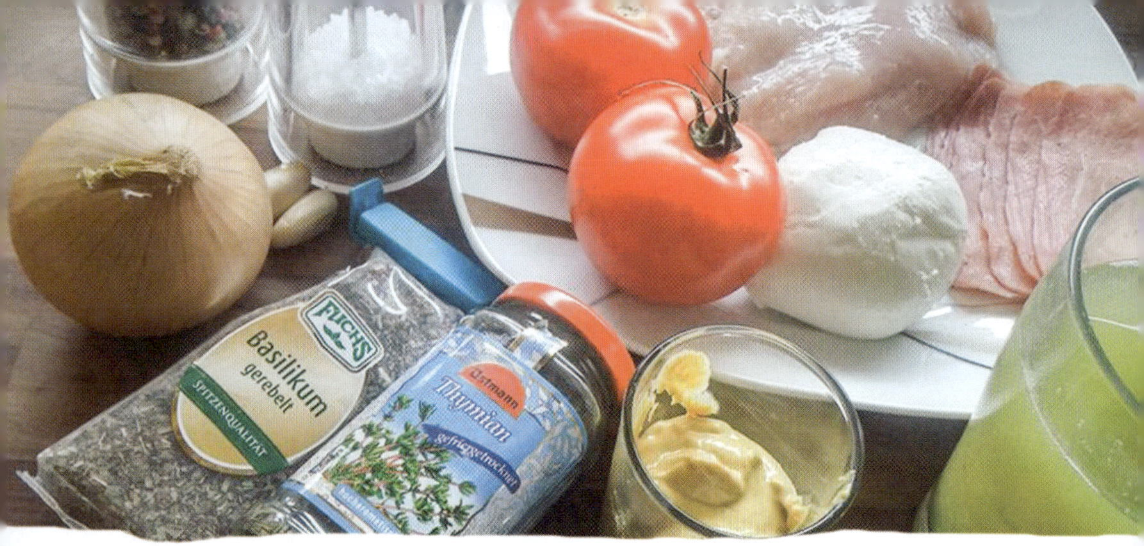
FUCHS
Basilikum
gerebelt
SPITZENQUALITÄT
Ostmann
Thymian
gefriergetrocknet
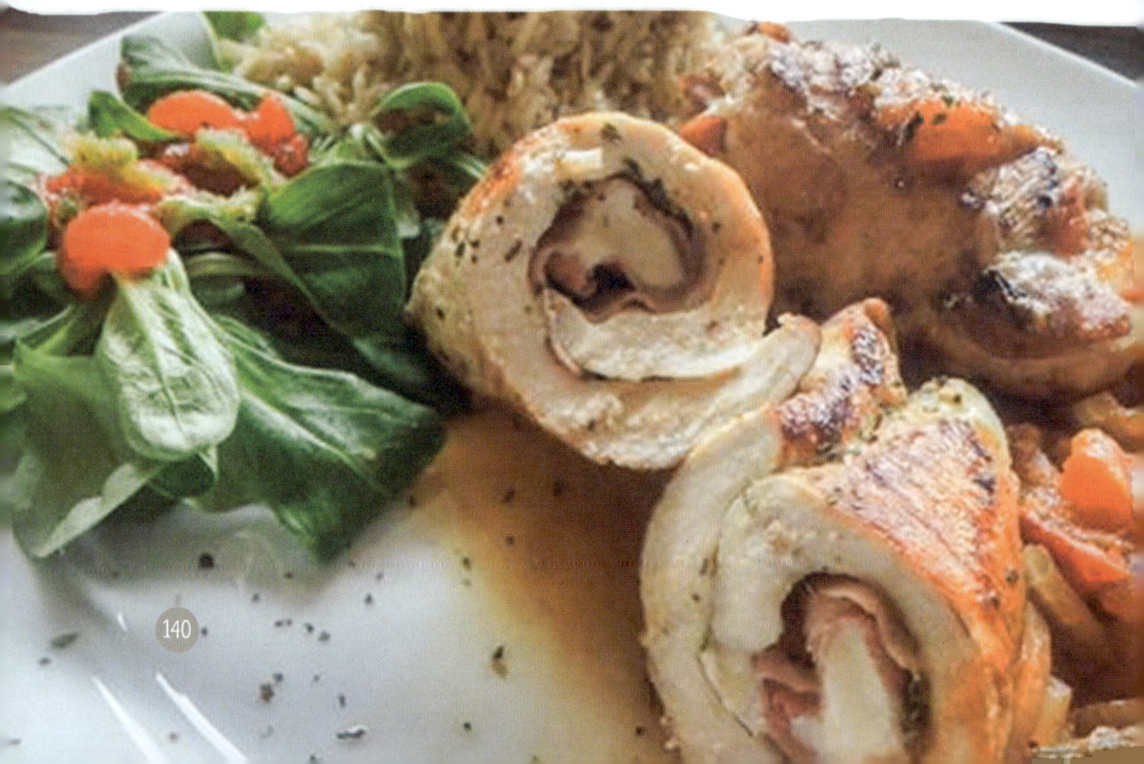

oulade

von
Jessica

Zutaten

Zutaten für 4 Portionen

4 Putenschnitzel
125 g Mozzarella light
4 Scheiben Putenschinken
1/4 Liter Gemüsebrühe
200 g Zwiebeln
4 Tomaten
3 Knoblauchzehen
Salz
Pfeffer
1 TL Senf
1 TL Thymian
1 TL Basilikum, gerebelt

Gericht

1. Die Schnitzel waschen, abtrocknen und mit dem Handballen breitklopfen.
2. Den Mozzarella in acht Scheiben schneiden.
3. Das Fleisch mit etwas Salz und Pfeffer würzen, eine Seite der Schnitzel mit Senf bestreichen, mit Thymian und Basilikum bestreuen und jeweils mit einer Scheibe Schinken und zwei Scheiben Mozzarella belegen.
4. Zu Rouladen rollen und mit einem Zahnstocher fixieren.
5. Nun Öl in einer Pfanne erhitzen und die Rouladen ca. 10 Minuten rundum scharf anbraten.
6. Die Rouladen herausnehmen und warm stellen (Backofen bei 100°C).
7. Knoblauchzehen und Zwiebeln in Scheiben schneiden und die Tomaten würfeln.
8. Alles zusammen im Bratfond andünsten und nach kurzer Zeit mit der warmen Gemüsebrühe ablöschen.
9. Das Ganze ca. 5 - 10 Minuten einkochen lassen und zum Schluss mit Salz und Pfeffer abschmecken.
10. Die Rouladen auf einem Teller anrichten und etwas Soße darüber geben.

S üßkartoffelmuffins

von Jessica

Zutaten

600 g Süsskartoffel
4 Frühlingszwiebeln
3 EL körniger Frischkäse
6 Eier
150 g Dinkelvollkornmehl
100 g neutrales Whey
50 g Streukäse light
Salz und Pfeffer

Gericht

1. Den Backofen auf 180 Grad Umluft vorheizen.
2. Süsskartoffeln schälen und in eine Schüssel raspeln.
3. Frühlingszwiebeln klein schneiden und dazu geben.
4. Eier in die Schüssel schlagen, Frischkäse, Mehl, Whey und Käse hinzufügen. Mit Salz und Pfeffer kräftig würzen und alles gut durchkneten.
5. Die Masse in die Förmchen verteilen und die Muffins auf der untersten Schiene 45-50 Minuten backen, bis sie goldbraun und durchgebacken sind.

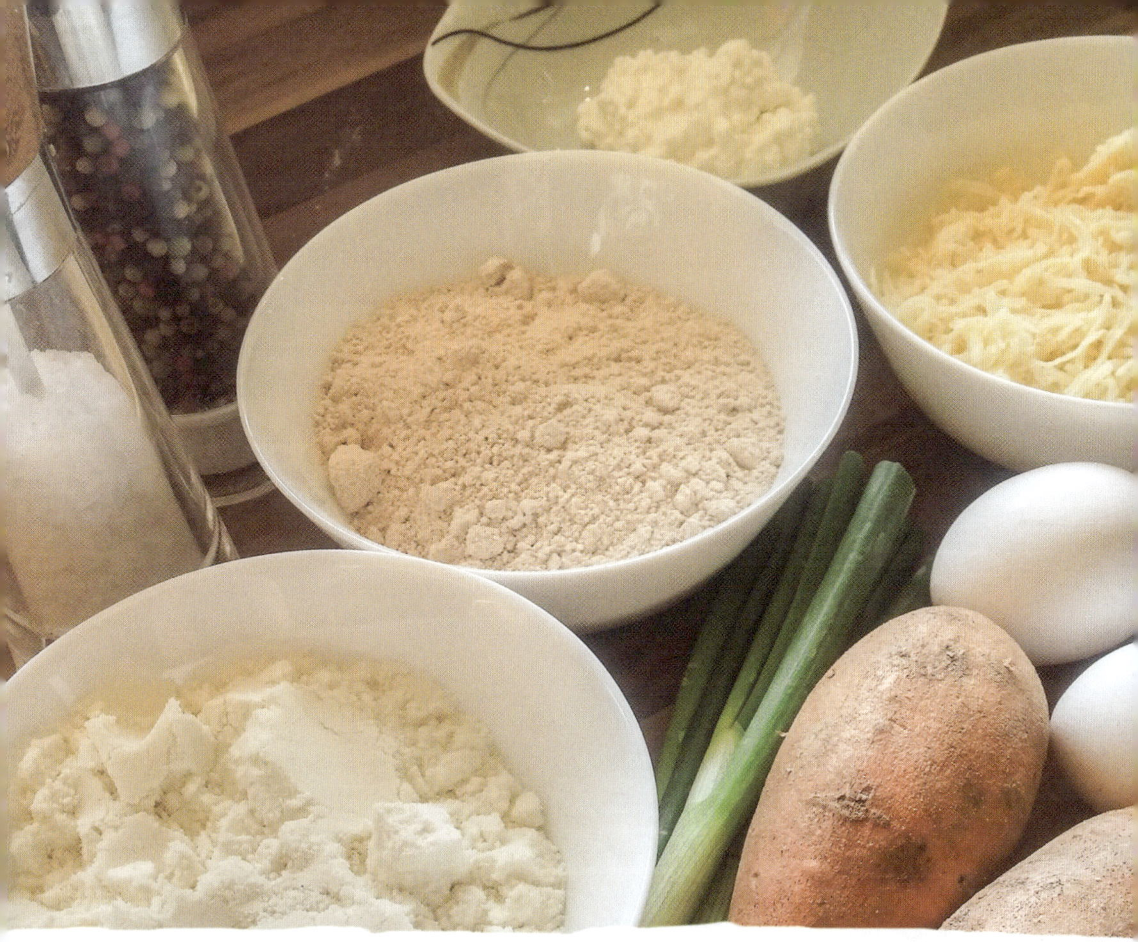

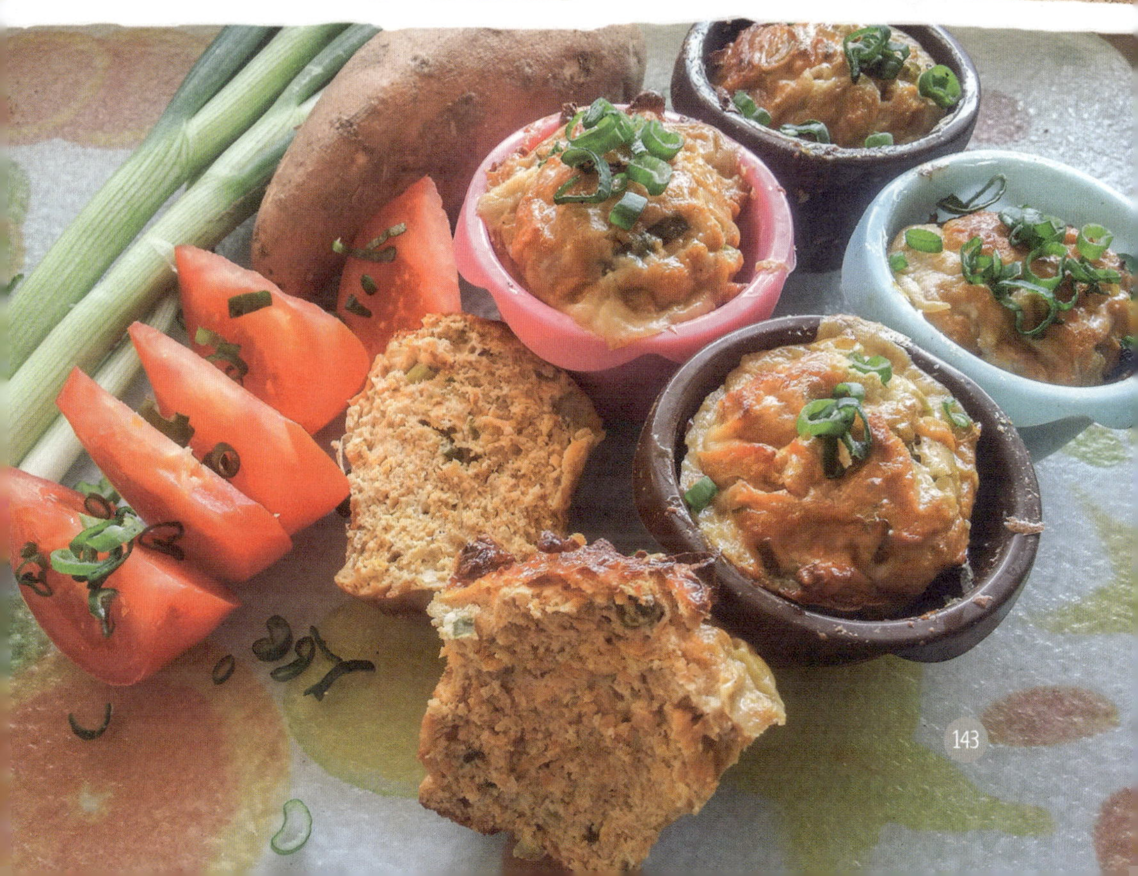

Gefüllte Champignons

von Kimberly

Niemand kann einem garantieren, dass man ein Ziel in einer bestimmen Zeit erreicht, aber man wird garantiert nie ein Ziel erreichen, das man sich nie gesetzt hat.

Zutaten

Zutaten für 1 Personen

Große frische Champignon
500g Rinderhack / Tatar
Frischer Spinat
Salz / Pfeffer
Gewürze

Gericht

1. Zuerst werden die Champignons etwas geputzt, bitte nicht unter Wasser abspülen.

2. Dann nehmt ihr einen Teelöffel und höhlt damit den Champignonkopf aus, die Stiele braucht ihr nicht wegschmeißen.

3. Das Rinderhack/ Tatar würzt ihr nach Belieben und schnippelt die aufgehobenen Champignonstücke mit hinein.

4. Den Spinat dünstet ihr etwas an und gebt ein paar Gewürze mit hinzu.

5. Nun könnt ihr die Champignons füllen entweder nur mit Spinat, nur mit Rinderhack/ Tatar oder beides mischen.

6. Ihr habt nun die Wahl: ihr könnt die gefüllten Champignons in den Ofen schieben (ca. 20 min. bei 140 Grad) oder ihr legt sie auf den Grill (auch für ca. 20 min.).

   Dann Guten Appetit und bitte Vorsicht sehr sehr sehr heiß

Garnelen in Tomatensoße mit Zudeln

von Kimberly

Zutaten

Zutaten für 1 Personen

Salz/ Pfeffer
Frischer Knoblauch
200g frische Tomaten
Basilikum
200g Garnelen
2 -3 Zucchini
1 TL Olivenöl
Zwiebeln

Gericht

1. Zuerst schneidet ihr die Tomaten klein und gebt sie in den Mixer oder in ein anderes Gefäß.
2. Dazu gebt ihr nach Belieben Salz und Pfeffer, Basilikum, Knoblauch und ein Schuss Olivenöl.
3. Das Ganze wird püriert oder gemixt, je nach dem was ihr für Geräte zu Hause habt.
4. Die Zucchini wascht ihr mit klarem Wasser ab und dreht sie nun durch den Spiralschneider, alternativ dazu geht auch ein Schäler dauert nur etwas länger.
5. Nun schneidet ihr etwas Zwiebel und Knoblauch und gebt beides in die Pfanne und dünstet es an.
6. Die Garnelen spült ihr unter klarem Wasser ab und gebt sie mit in die Pfanne und die pürierten Tomaten.
7. Die Zucchinistreifen könnt ihr entweder in einer separaten Pfanne andünsten oder in einem Kochtopf kurz köcheln lassen, so wie ihr die Konsistenz mögt

Dann lasst es euch schmecken.

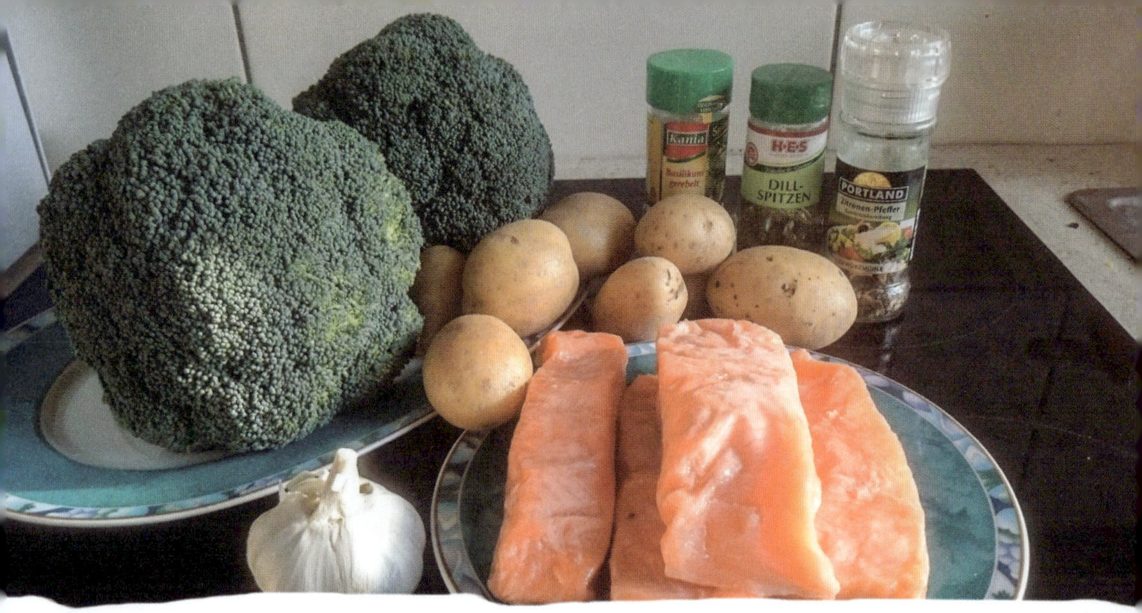
Kania
H·E·S
DILL-
SPITZEN
PORTLAND
Zitronen-Pfeffer

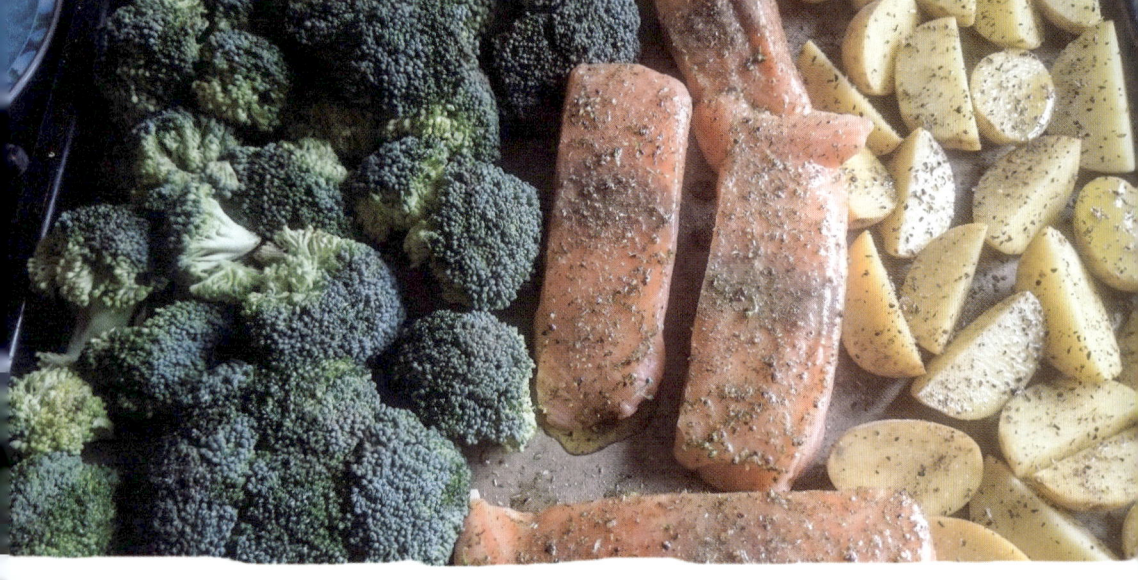

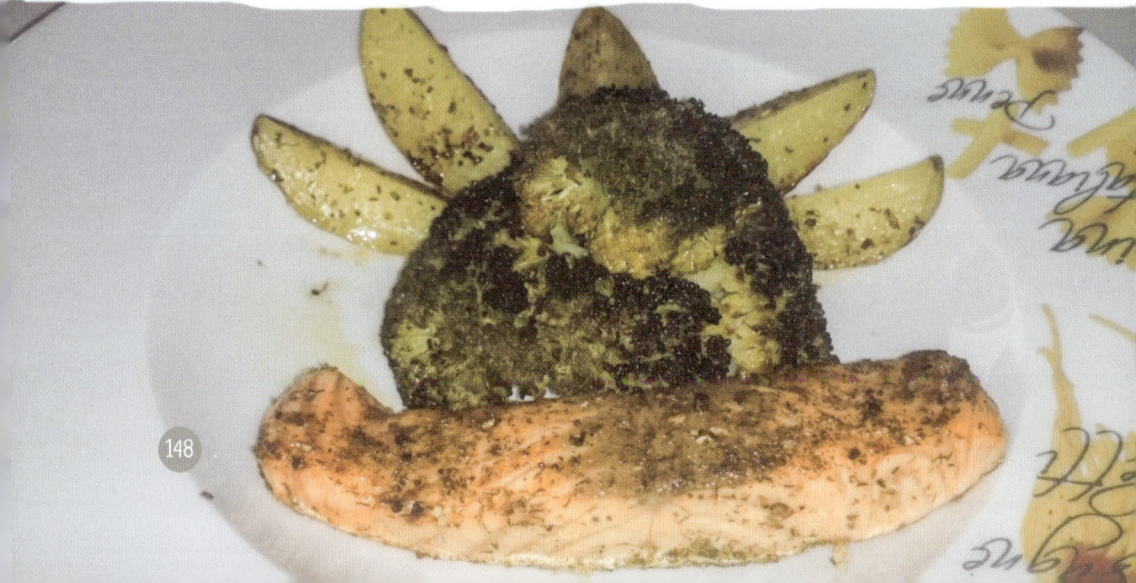

Ofenlachs an Gemüse und Kartoffel

von Kimberly

Zutaten

Zutaten für 1 Personen

200g TK oder frischer Lachs
200g Kartoffeln
200g KH-armes Gemüse
(Bsp. Pilze, Broccoli, Bohnen)
Salz / Pfeffer
Gewürze / Zitrone / Knoblauch
2 TL Olivenöl

Optional: Aluminiumfolie

Gericht

1. Zuerst putzt ihr die Kartoffeln etwas ab, und schneidet sie in Spalten. Die Kartoffelspalten legt ihr auf ein Blech und bestreicht sie mit etwas Olivenöl und würzt sie nach Belieben. Gut ist etwas Salz, Pfeffer und frischer oder getrockneter Thymian.

2. Den Lachs spült ihr etwas ab und packt ihn auf ein Stück Aluminiumfolie. Den Lachs würzt ihr auch mit Salz / Pfeffer, ein paar Spritzer Zitrone, ein bisschen Olivenöl und etwas Knoblauch. Die Lachs – Pakete gut verschließen. Wer das nicht mag mit der Folie, kann den Lachs wie beschrieben würzen und einfach zu den Kartoffeln auf das Blech packen.

3. Nun ist es euch überlassen, wenn ihr frische Pilze und Broccoli nehmt, könnt ihr das beides mit zu den Kartoffeln auf das Blech legen, wenn ihr mögt etwas würzen.

4. Die Bohnen müsst ihr erst waschen, die Enden abschneiden und für ca. 10 – 20 min kochen je nachdem wie bissfest ihr sie haben wollt.

5. Ansonsten kann das Blech mit den Kartoffeln und dem Gemüse und die Lachs – Pakete in den Ofen für ca. 20-30 min bei 140 Grad.

   Wenn alles fertig ist, schön aufpassen sehr heiß. Dann lasst es euch schmecken.

Hack-Gemüse Pfanne mit Reis

von
Sandra

Manchmal muss man die Perspektive wechseln, um den Himmel zu sehen.

Zutaten

Zutaten für 3 Brötchen

500 g Hackfleisch Rind
500 g Tomaten
400 g Champignons
1 großer Paprika
250 g Reis (kann auch ohne Carbs gemacht werden)
1 große Zwiebel
2 Knoblauchzehen
3 EL Olivenöl
Salz, Pfeffer, Paprikapulver, eine Prise Zucker und frische Kräuter (Basilikum)

Gericht

1. Den Reis wie auf der Packung beschrieben abkochen, abgießen und beiseite stellen.
2. Die Zwiebel in kleine Würfel schneiden und in dem Olivenöl anbraten. Währenddessen die Tomaten und die Paprika in kleinere Stücke schneiden.
3. Wenn die Zwiebeln geschmolzen sind das Hackfleisch dazugeben und mit Salz, Paprikapulver und Pfeffer beliebig würzen. Immer wieder das Hackfleisch wenden und mit dem Kochlöffel etwas auseinanderdrücken. Dann die in kleine Stücke geschnittenen Tomaten dazugeben und mit einer Prise Zucker würzen.
4. Danach die geschnittene Paprika dazu und den Knoblauch hineinpressen. Das ganze etwas einkochen (5-10 Minuten) lassen. Bei Gelegenheit immer wieder umrühren. Solange die Soße etwas kocht die Champignons schneiden und dazugeben. Weitere 5-10 Minuten kochen lassen. Am Schluss den abgekochten Reis dazu und mit frischem Basilikum (es können auch andere Kräuter verwendet werden) garnieren und servieren.

Guten Appetit!

Snacks
schnell zubereitet

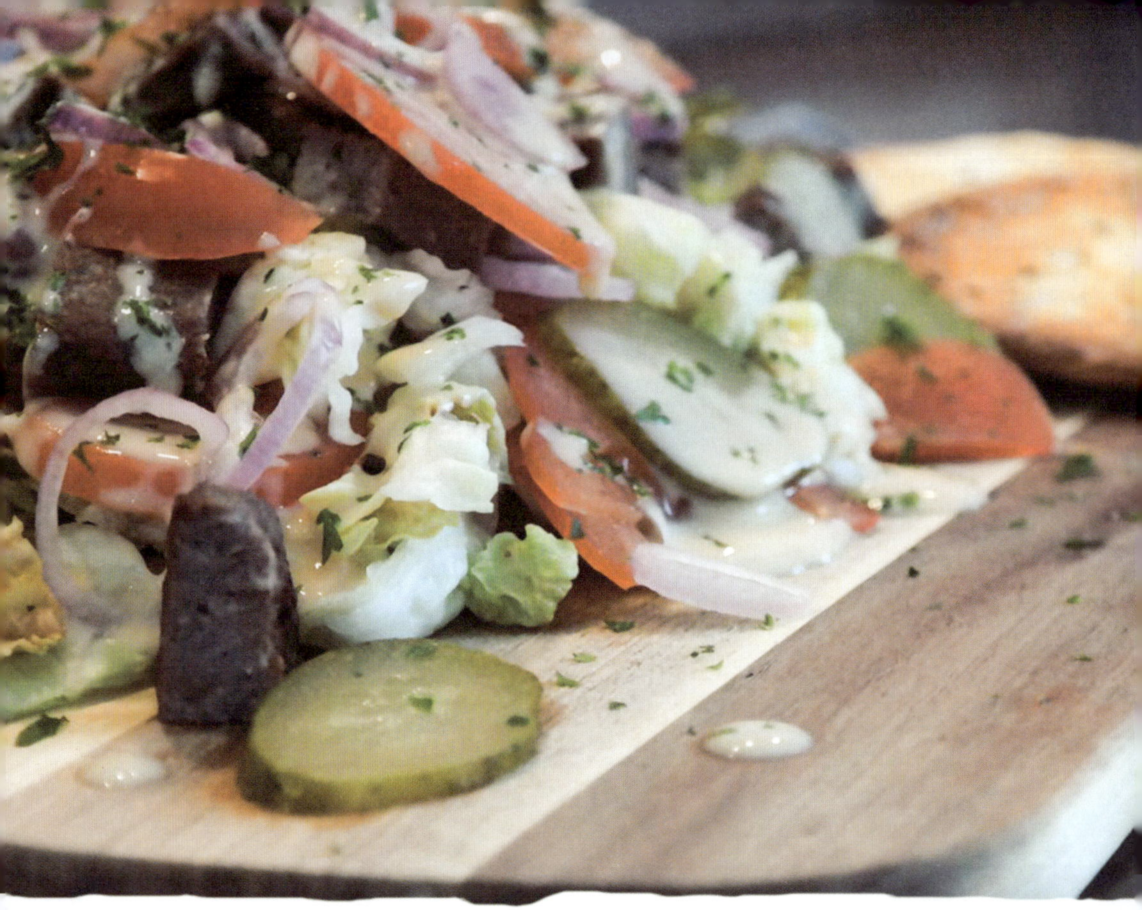

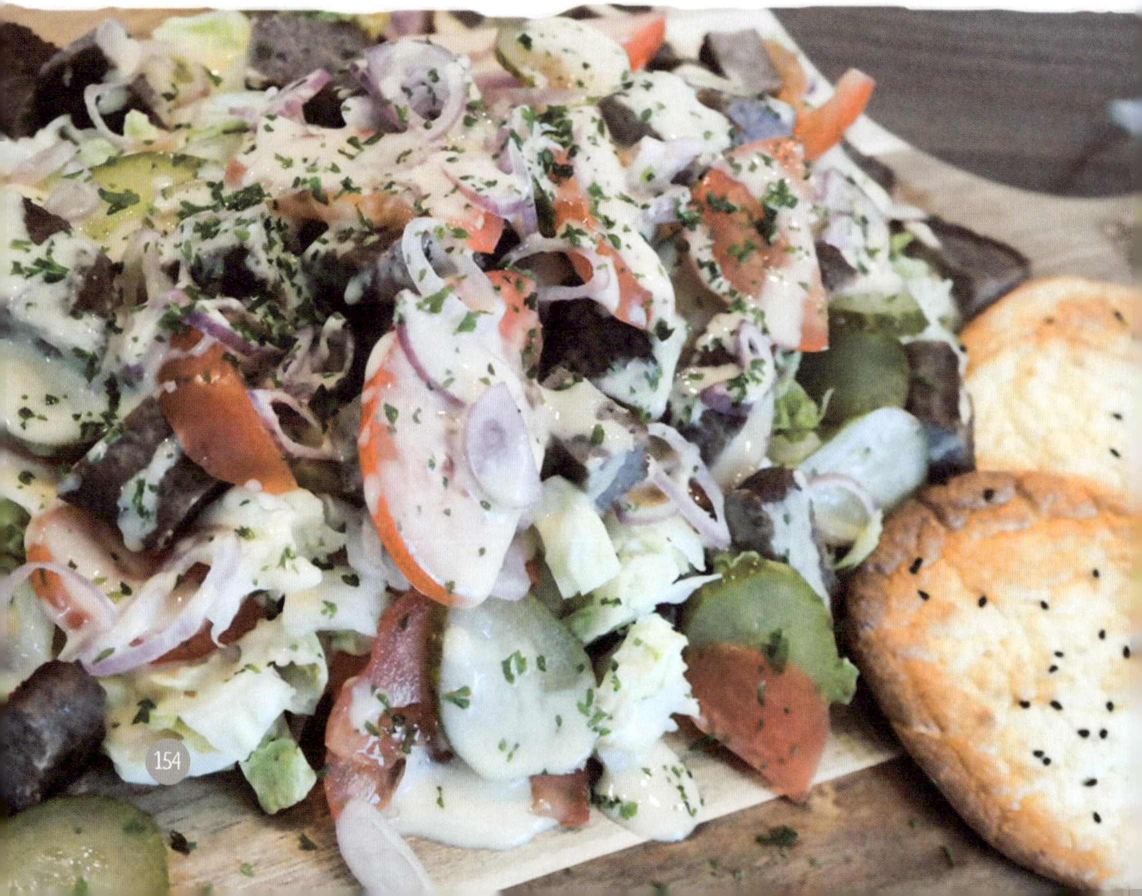

Burgersalat Deluxe

von Gina

Zutaten

Zutaten für 2-3 Personen:

400-500g Rinderhackfleich oder Tartar
1/2 Eisbergsalat oder 2-3 Salatherzen
2 Schalotten
1 große Tomate
2 Gewürzgurken (aus dem Glas ohne Zucker)
N. B. Pfeffer und Salz

Für das Dressing:
Es werden „Kalorienfreie Soßen" benötigt (zum Bsp. von nutriful)
1 EL 1000island
1 EL Caesars
1 EL Ketchup
2 kl. TL Scharfer Senf (z. Bsp. Löwensenf)

Gericht

1. Das Hackfleisch mit wenig Fett in einer gut beschichteten Pfanne krümelig und kross anbraten und leicht abkühlen lassen.
2. (Um dem Ganzen ein absolutes Burgergefühl zu geben, können auch Burgerpatties auf dem Grill gegrillt werden)
3. Salat und Gemüse kleinschneiden und auf einem rustikalen Brett anrichten.
4. Das lauwarme Hackfleisch nun über den Salat geben.
5. Für das Dressing werden alle Zutaten zusammengerührt und ggf. mit einem kleinen Schluck Wasser verdünnt.
6. Nach Belieben können auch noch Kräuter und Gewürze zugefügt werden.
7. Die Salatsoße nun über dem Salat mit dem Hackfleisch gießen und servieren.

Guten Appetit.

Mediterranes Hühnchen im Ofen

von Gina

Zutaten

Zutaten für 3 Person:

500 g Hähnchenbrustfilet
2 Tomaten oder 250g Cock-
tailtomaten
1 kleine Zucchini
5 Champignons
1 Paprika
 ggf. noch anderes Gemüse wie
Auberginen, Zwiebeln, Brokkoli
usw.
Gewürze (Chili, Knoblauch, Salz,
Pfeffer, Gewürzmischung medi-
terran, Paprika, Rosmarin)
2-3 EL Olivenöl

Gericht

1. Den Ofen auf 180 Grad vorheizen.
2. Auf einem Backblech einen langen Streifen Alufolie auslegen (dieser sollte auf beiden Seiten überlap-pen).
3. Sämtliche Gewürze mit dem Olivenöl vermischen.
4. Die Hähnchenbrustfilets werden nun nebeneinander auf die Alufolie gelegt und leicht mit dem Gewürzöl bestrichen.
5. Nun wird das Gemüse in mundgerechte Stücke oder Scheiben geschnitten und über den marinierten Hähnchenbrustfilets verteilt. Das restliche Gewürzöl über das Gemüse geben.
6. Jetzt wird alles mit der Alufolie gut eingeschlagen und verschlossen.
7. Es darf an den Seiten nichts rauslaufen. Der Gemü-sesaft der beim Garen austritt ist später eine ideale Sauce und sorgt dafür, dass die Hähnchenbrustfilets schön saftig bleiben.
8. Nun das Blech für ca 30-40 Minuten (je nach Größe und Dicke des Fleisches) in den Ofen.

Wenn die Hähnchenbrustfilets durchgegart sind, ist das Gericht fertig und kann mit Kartoffeln, Reis oder einfach so wie es ist serviert werden.

Guten Appetit!

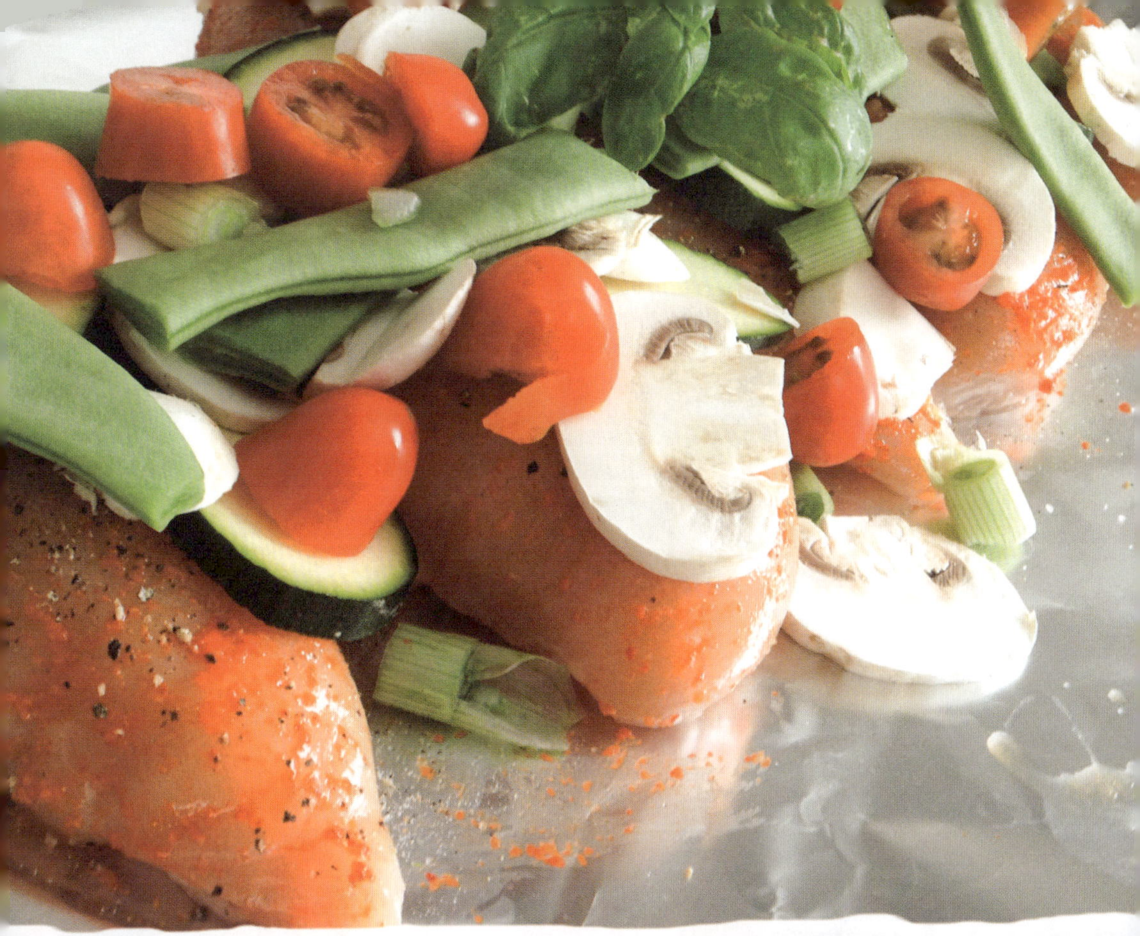

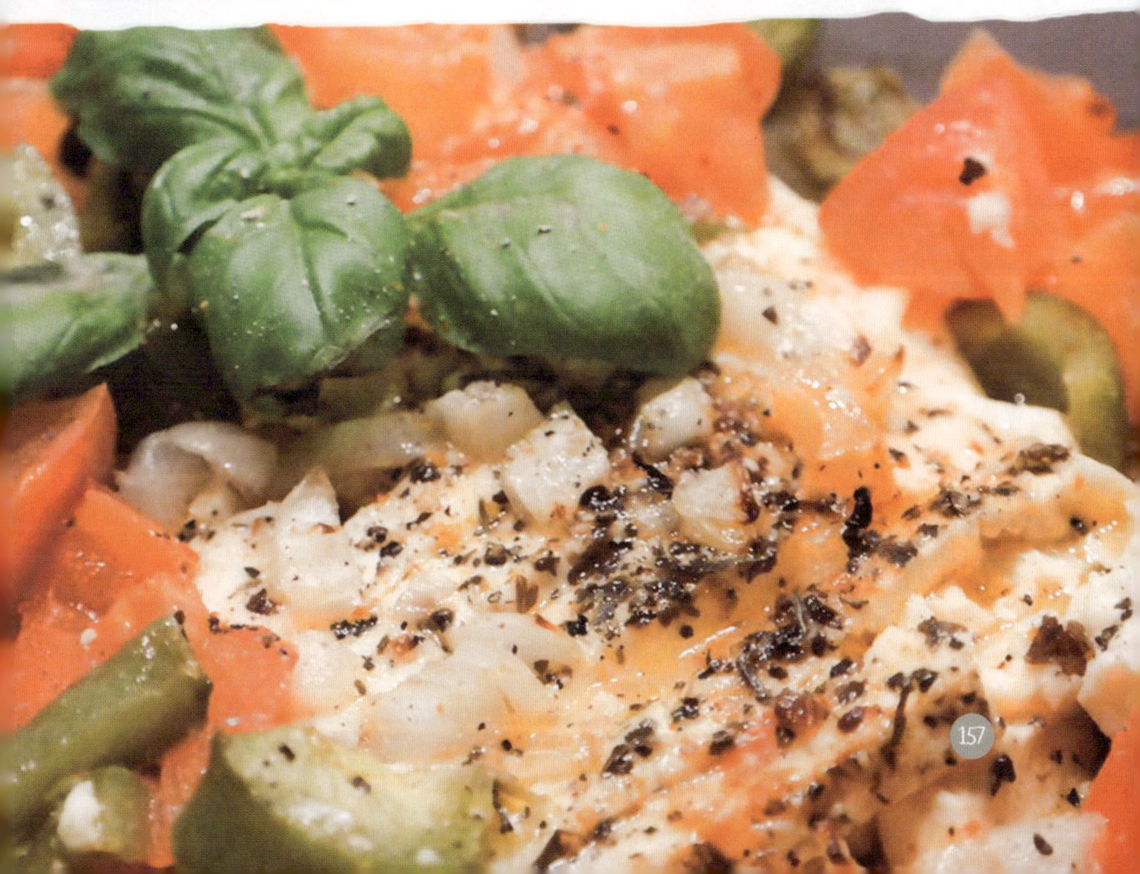

Low-Carb-Brötchen

von Gina

Zutaten

Zutaten für 1 Brötchen:

20g Kleie (Dinkel oder Weizen)
1 Ei oder 55g Eiklar
45g Magerquark
1/2 TL Flohsamenschalen
1 Prise Brotgewürz
Salz

Gericht

1. Alle Zutaten in einer mikrowellenfesten Schüssel zu einem sehr klebrigen Brei verrühren und 10 Minuten Quellen lassen.
2. Die Schüssel abgedeckt bei ca. 700 W für 3 Minuten in die Mikrowelle geben.
3. Nun den Teig herausnehmen und umgekehrt auf einen flachen Teller legen. Jetzt nochmal offen für 1 Minute in die Mikrowelle zu „trocknen" geben.
4. Das Brötchen leicht abkühlen lassen.
5. Zum Essen das Brötchen wie ein klassisches Toastbrötchen aufschneiden und die Hälften einige Minuten (3-4) im Toaster toasten.
6. Leicht braun schmecken sie am besten und sind knusprig aber nicht hart.

Nach Herzenslust belegen und genießen.

Guten Appetit

Bohnensalat

von Melanie

Zutaten

Zutaten für 1 Person:

500 g Bohnen (frische)
1 Zwiebel
Rapsöl
Essig
Salz

Gericht

1. Die Bohnen 20 min kochen lassen, Wasser abgiessen die Enden abschneiden.
2. Und dann die Bohnen in Stücke schneiden.
3. Dann die Zwiebeln in kleine Würfel schneiden und dazu geben.
4. 3 Esslöffel Öl und 1 Esslöffel Essig mit einen halben Teelöffel Salz hinzugeben und alles verrühren.
5. Nach 10 min komplett essfertig!

Haferkleie Brötchen aus der Mikrowelle

von Klara

Zutaten

Zutaten für 1 Person

1 ½ EL Haferkleie
1 EL Quark oder Frischkäse
1 Ei (groß)
1 TL Backpulver

Gericht

1. Alle Zutaten in einer mikrowellengeeigneten Schüssel vermengen.
2. Kurz quellen lassen
3. und dann bei voller Leistung für ca. 4 Minuten in die Mikrowelle geben. (Deckel lose oben drauf damit der Teig nicht trocken wird.)
4. Auskühlen und genießen.

Weitere Tipps
Man kann die Brötchen auch mit Rosmarin, Oregano, Thymian oder anderen Kräutern bzw. Körnern verfeinern.

Oder aber auch mit Kakaopulver und Süßstoff so gelingt ein kleiner Kuchen zum Kaffee.

Gemüsebeet auf Hähnchen- brustsalat

von
Lisa

- Champions keep going when they don't have anything left in their tank. -

Zutaten

Zutaten für 1 Person

150g Hähnchenbrust
150g Romanosalat
200g Zucchini
200g Gemüsepaprika rot
15 g frische Petersilie
15 g frischer Dill
Salz, Pfeffer, Curry

Gericht

1. Die Hähnchenbrust wird in kleine Stücke geschnitten, kurz in Olivenöl angebraten und mit etwas Currypulver gewürzt.
2. Anschließend werden die kleingewürfelte Zucchini und Gemüsepaprika in wenig Olivenöl angebraten, mit Salz und Pfeffer gewürzt, und mit den frischen Kräutern verfeinert.
3. Die Lebensmittel sollten nicht länger als zehn Minuten in der Pfanne gebraten werden, so dass Fleisch und Gemüse knackig und saftig bleiben.
4. Die gewaschenen Salatblätter nun nach Wunsch auf einem großen Teller platzieren, das Gemüse wie ein Beet mittig zentrieren und die Hähnchenbrust drum herum legen.
5. Fertig ist ein super schnelles und leckeres Essen!

Mir persönlich schmeckt dieses Gericht am besten mit frischen Kräutern, den Unterschied schmeckt man.

Wer Champignons auch so gerne isst, die passen ebenso gut noch in das Gemüsebeet, vor allem in Kombination mit Dill & Petersilie – ein Genuss!

Guten Appetit!

Müsli (Granola)

von
Manuela

„Es gibt nicht den richtigen Zeitpunkt! Nur DU alleine kannst Dich ändern – Also starte jetzt!"

Zutaten

Zutaten für 1 Person

3 Tassen Haferflocken (ca. 300 g)
1 Tasse Nüsse (Mandeln, Haselnüsse, Walnüsse, etc.)
1 Tasse Kerne (Sonnenblumenkerne, Pinienkerne, Kürbiskerne)
½ - 1 Tasse „Süße" nach Wahl (Honig, Stevia, Ahornsirup)
¼ Tasse Olivenöl / Kokosöl
½ TL Salz
1 TL Gewürze (Zimt, Vanille, etc.) - Hier kannst du auch mutig sein und z. Bsp. Rosmarin oder Chiliflocken mit untermischen

optional: Kokoschips
getrocknete Früchte nach Wahl (Diese aber erst nach dem Backen unters Müsli mischen!!!)

Gericht

1. Den Ofen auf ca. 180 Grad Umluft vorheizen.
2. Die Haferflocken mit den Nüssen, Kernen, evtl. Kokoschips, Salz und Gewürzen in eine Schüssel geben und alles gut vermengen.
3. Jetzt das Öl und die Süße deiner Wahl zu dem Müsli geben und alles schön verrühren. Es sollte keine Klumpen entstehen.
4. Die Masse auf ein mit Backpapier ausgelegtem Backblech verteilen und für ca. 15 – 20 Minuten (je nach Bräunungs- und Knuspergrad) in den Ofen.
5. Evtl. während der Backzeit das Müsli mal durchrühren, damit es nicht verklebt.
6. Nach der Backzeit das Müsli auskühlen lassen und auch hier ab und an durchrühren, damit es nicht verklebt.
7. Jetzt kannst Du es in einem verschlossenen Behälter geben und es dir schmecken lassen.

Es hält sich für ca. 2 Wochen.

Vollkorn
Mehl
BIO
RUF
Unser
Weinstein
Backpulver
Glutenfrei
Ohne
Phosphat-
Zusatz
BIO
MILRAM
Buttermilch
Quark
besonders mild
& aromatisch
Frischkäse, Magerstufe
250g e
FEIN
Sylter
MEER
SALZ

Brötchen (ohne Hefe)

von Manuela

„Verliere Dich selbst nie aus dem Auge! Egal, was andere sagen, Du machst es für Dich, nicht für sie!!!"

Zutaten

Zutaten für 3 Brötchen

150 g Dinkelvollkornmehl
150 g Mager- oder Speisequark
(20 % Fett i. Tr.)
1 Eiklar
5 g Backpulver
1 g Salz

Gericht

1. Den Ofen auf ca. 220 Grad Umluft vorheizen.
2. Alle Zutaten in eine Schüssel und schön verkneten.
3. Aus der Masse 3 Brötchen formen und im Ofen für ca. 20 Minuten backen.
4. Das war's schon – jetzt nur noch genießen.

Optional:

5. Mischt unter den Teig noch Haferflocken, Leinsamen oder Chiasamen.
6. Toppt die Brötchen vorm Backen mit z. Bsp. Sonnenblumenkernen.
7. Ihr könnt sie auch würzig machen, indem man einfach Kräuter oder Chiliflocken mit in den Teig gebt.
8. Lasst Eurer Fantasie freien Lauf!
9. Man kann auch das Mehl mischen (z. Bsp. Roggen- und Dinkelvollkornmehl)

H aferflockenbrötchen

von
Vanessa

Ich hätte niemals gedacht, dass ich meinen riesigen Schweinehund überwinden kann und dieses Programm so toll durchziehe. Es ist keine Diät, sondern ein Lifestyle in den man reingerät und beginnt ihn zu lieben. Meinen Körper mochte ich noch nie, mittlerweile fange ich damit an ihn zu mögen, das ist ein ganz neues Lebensgefühl. Dafür bin ich unendlich dankbar.

Liebe Grüße Vanessa

Zutaten

Zutaten für 2 Brötchen

2 Eiweiß
2 EL Magerquark
1 Prise Salz
60g Haferflocken
1 EL körnige Haferflocken

Gericht

1. Alle Zutaten bis auf die (körnigen) Haferflocken miteinander vermengen.
2. Aus dem Teig zwei Brötchen formen und die körnigen Haferflocken oben drüber rieseln.
3. Für ca 30 min bei 180 Grad Umluft backen.

Baguette

von Kristina

seitdem ich mich im April 2015 dazu entschlossen habe, mich dem 69Days-Team anzuschließen, hat sich mein Lifestyle komplett verändert – und zwar absolut zum Positiven!

Ich war sehr unglücklich mit meinem Körper und wollte etwas ändern. Dann habe ich 69 days ladies entdeckt. Endlich eine Strategie, bei der sich jemand wirklich auskennt mit Ernährung und Sport. Kurzerhand habe ich mich dann angemeldet und das Startdatum auf Ende April gesetzt. Dann ging es los. Nach nur 14 Tagen hatte ich schon sichtbare Erfolge erzielt! Ich war total happy und mehr als motiviert weiter zu machen! Meine Ernährung hat sich auch grundlegend geändert. Aber am aller Wichtigsten: ich mag mich und meinen Körper wieder! Ich habe durch die Gruppe so viel über Ernährung und „Falsch & Richtig" gelernt! Ein schöner definierter Körper ist mir wichtiger als die Anzeige auf der Waage. Ich bin glücklich und zufrieden, wie ich bin und sehe gut aus In dem 69Days-Team lernt man eben nicht nur Wissenswertes über Ernährung und Sport, sondern eben auch viel über sich selber und seinen eigenen Körper. Ich verfolge jeden Tag die Dialoge und Posts auf Facebook und kopiere mir ständig Tipps, Tricks und Rezepte. Ich kann jedem nur diesem Programm empfehlen – es ändert nicht nur deinen Körper, sondern auch dein Leben!
Ich bin immer noch total motiviert und will weitermachen und weiterkommen. Wir Mädels in der Gruppe unterstützen uns dabei und helfen uns gegenseitig weiter – wir sind eine echte Familie!

Herzlichste Grüße,
eure Kristina

Zutaten

Zutaten für 1 Person

150 Gramm Dinkelmehl
150 Gramm Magerquark
1 Ei
1 Eiweiß (nicht steifschlagen)

Gericht

1. Alle Zutaten miteinander mischen und kneten.
2. Den Teig auf das Backblech legen und zu einem Baguette formen.
3. Bei 180 Grad 15 Minuten in den Backofen.
4. Danach die zwei Stücke aufschneiden und belegen (z.B. mit Salat, Tomate, Paprika, Hähnchen/Pute).
5. Als Soße habe ich das Cesar-Dressing von Nutriful genommen.

G ebackener Eier im Spinatnest

von Stephanie

Zutaten

Zutaten für 1 Person

750 g Spinat (frisch oder alternativ Tiefkühl Spinat)
4 mittelgroße Eier
Salz
Pfeffer

Gericht

1. Backofen auf 180 Grad vorheizen.
2. Spinat gründlich putzen und in kochendem Salzwasser 1 Minuten garen, abtropfen und abkühlen lassen, auspressen, klein schneiden (bzw. Tiefkühl Spinat auftauen und kurz aufkochen lassen). Salzen und pfeffern.
3. Spinat in eine Auflaufform geben und gut verteilen. Mulden/Vertiefungen formen und jeweils 1 Ei hineinschlagen. Mit Salz und Pfeffer bestreuen. (Nicht vergessen, auf 4 Eiklar nur 1 Eigelb)
4. Alles in den Backofen und 15 bis 20 Minuten backen, bis die Eier hart sind.

Guten Hunger!

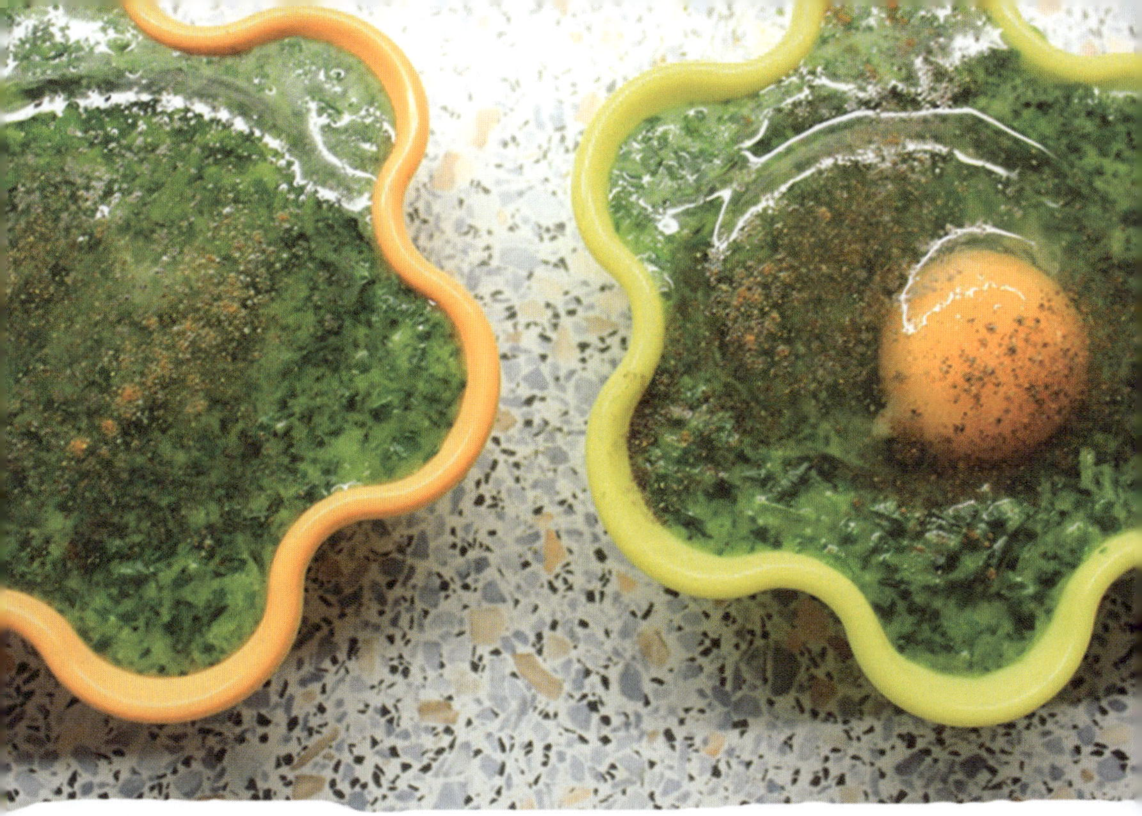

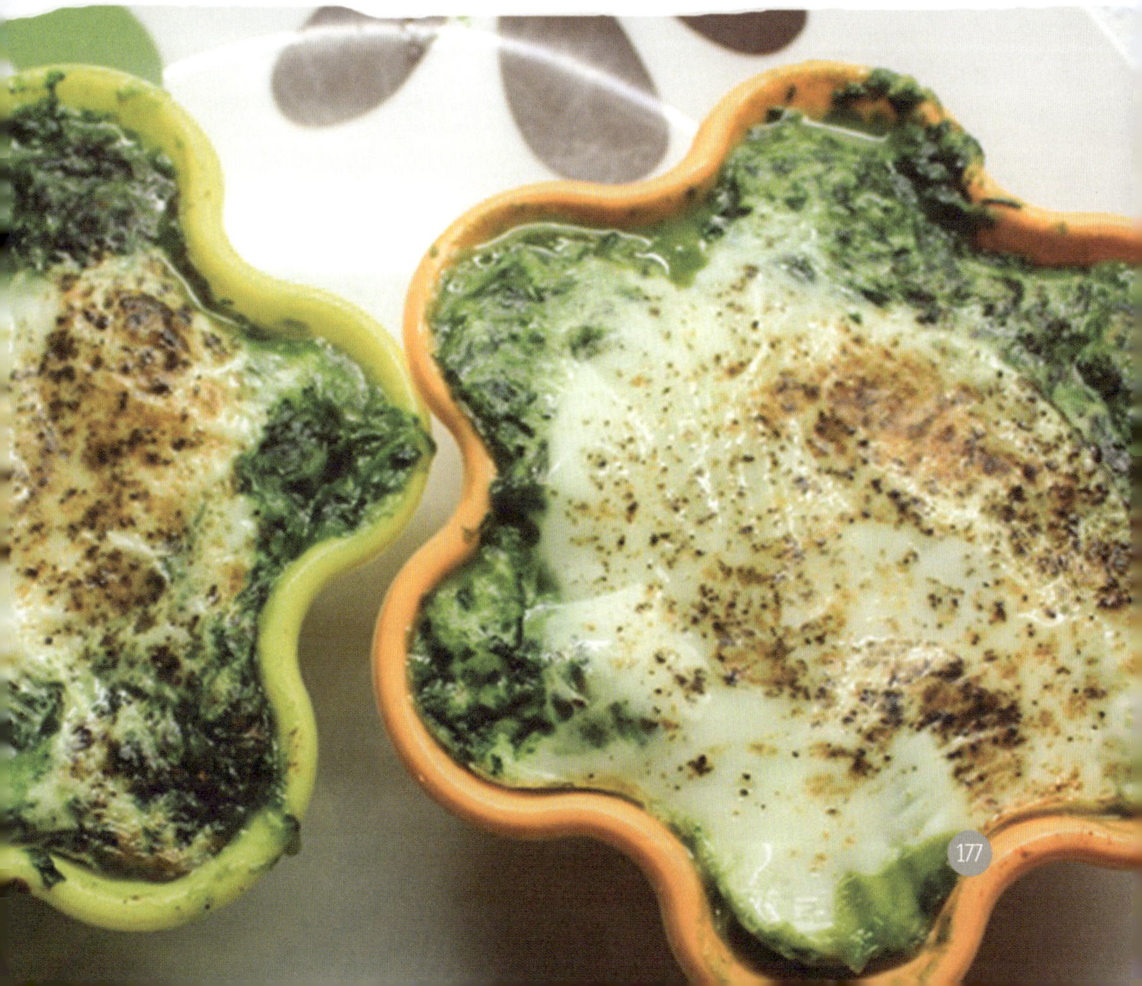

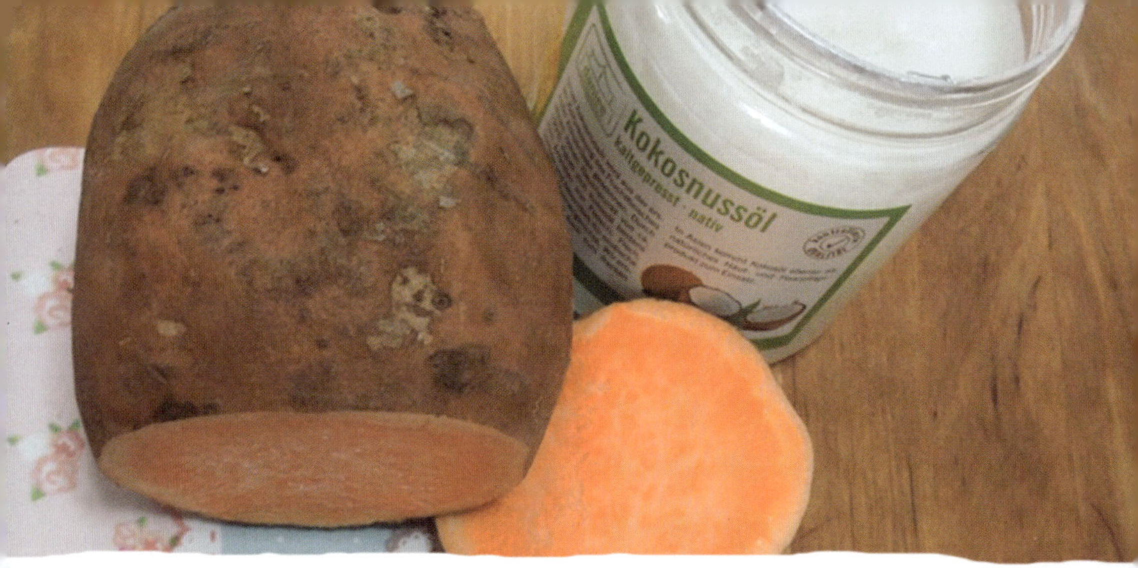
Kokosnussöl
kaltgepresst · nativ

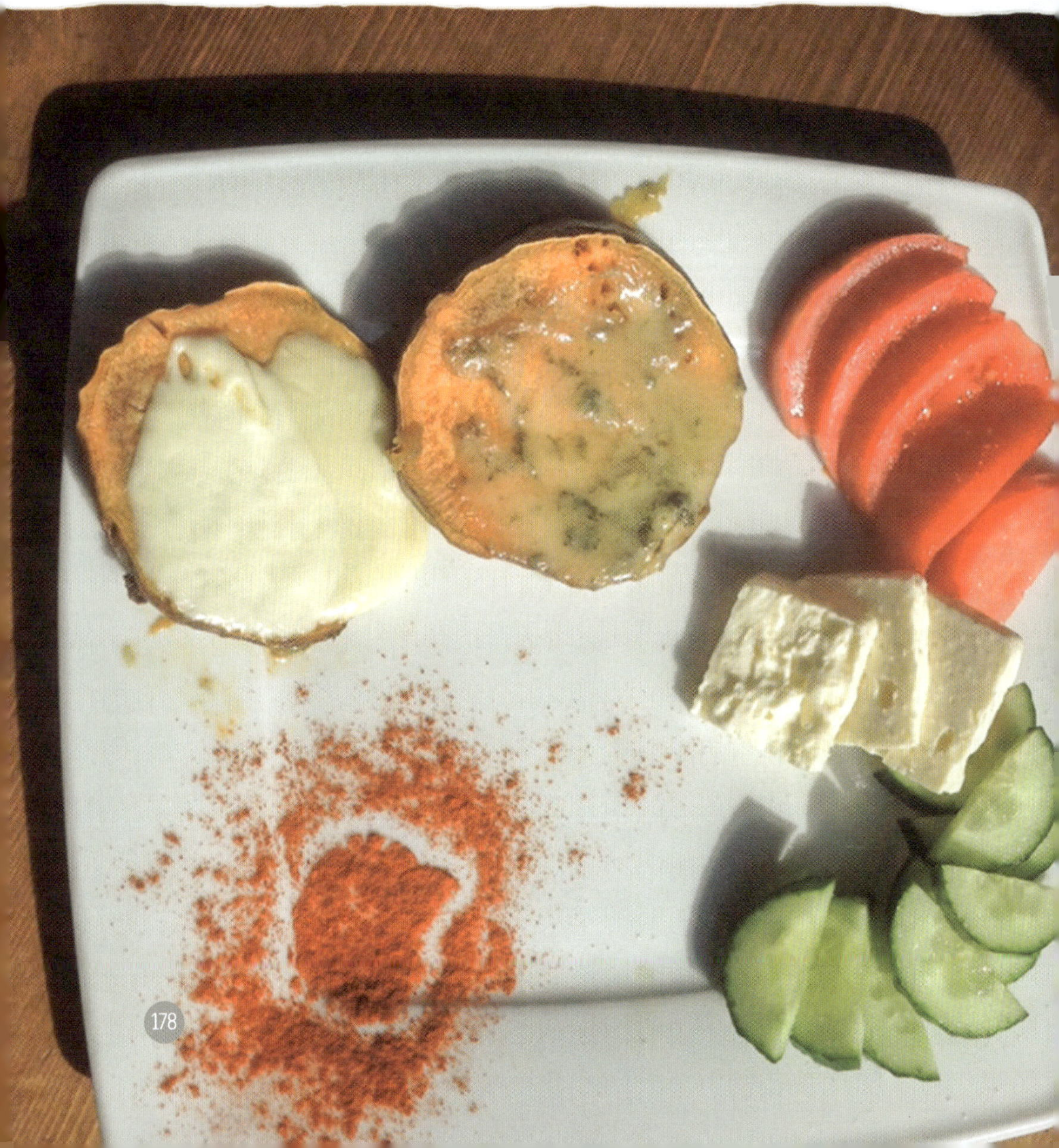

berbackene Süßkartoffeln

von Lena-Lara

Dank 69 Days haben mein Freund und ich die richtige Balance zum Essen gefunden und sind fitter dennje.Vielen Dank an das tolle Team, den Zusammenhalt und an Marie&Alex das ihr so „nah", und immer offen für ein Treffen seid!

Zutaten

Zutaten für 1 Personen

1 Süßkartoffel
etwas Kokosöl
1 Mozarrella light
1 Feta light oder
Gorgonzola

Gericht

1. Süßkartoffel in Scheiben schneiden und mit Kokosöl bepinseln,
2. danach auf dem Backblech verteilen und bei 180C für 20 Minuten in den Ofen.
3. Den Käse auf den Süßkartoffeln verteilen und nochmal in den Ofen, bis der Käse geschmolzen ist.

Würzen erst nach dem Backen!

Dazu Salat oder scharf angebratene Hühnchenbrust.

Selbstgemachtes Ketchup

von Jana

Liebe 69daysladies-Familie,

Ich habe mir über ein halbes Jahr lang, alle auf dem Markt angebotenen Fitness-programme beobachtet und auf Schritt und Tritt via Social Media verfolgt. Ewig lang habe ich mit mir gehadert. Ich habe immer nur Mädels bei den Beiträgen gesehen, die gar nicht so viel abnehmen mussten wie ich, zudem hörte sich diese Programme für mich unmachbar an, da ich der unsportlichste Mensch mit super viel Übergewicht bin und zudem schon 2 Bandscheibenvorfälle hinter mir habe. Ich habe jedenfalls nicht geglaubt, dass ich jemals ein Teil dieses Teams sein könn-te, da ich es mir selber einfach nicht zugetraut habe.

Es war mir egal, wie schwer es werden würde. Alle paar Monate habe ich mir gedacht „Hättest du angefangen, als du es letztes Mal geplant hast, wärst du jetzt vielleicht schon an deinem Ziel". Dies ging nun Jahre so. Ich war es leid.

Die Ernährung war für mich auch am Anfang nicht leicht. Aber wer hat schon gesagt, dass es leicht wird?! Ich war es einfach nicht gewohnt so viel zu essen. (Kaum zu glauben oder?!)

Dadurch kam ich auf die Idee mit dem Ketchup. Probiert es aus, ich hoffe ihr mögt es!

be Veggie

Zutaten

2 kg Tomaten
250 g Zwiebeln
1 EL Salz
4 EL Essig
1 TL Pfeffer
1 TL gemahlener Senfkörner
½ TL Piment
30 g Stevia

Gericht

1. Tomaten waschen, Strunk entfernen und würfeln.
2. Zwiebeln fein schneiden. Alle Zutaten in einen ho-hen Topf geben und 45 Minuten köcheln lassen.
3. Danach die Masse nach und nach mit einem Löffel durch ein feines Sieb drücken.
4. Die Sauce zurück in den Topf und so lange köcheln lassen, bis sie dicklich geworden ist. (Kann weitere 2 Stunden dauern)
5. Abschmecken und nach Bedarf Pfeffer oder Stevia zufügen.

Wichtig: Heiß in kleine Gläschen gießen und heiß verschließen.

Die Reste aus dem Sieb kann man separat abfüllen und als Tomatenmark für Saucen verwenden.

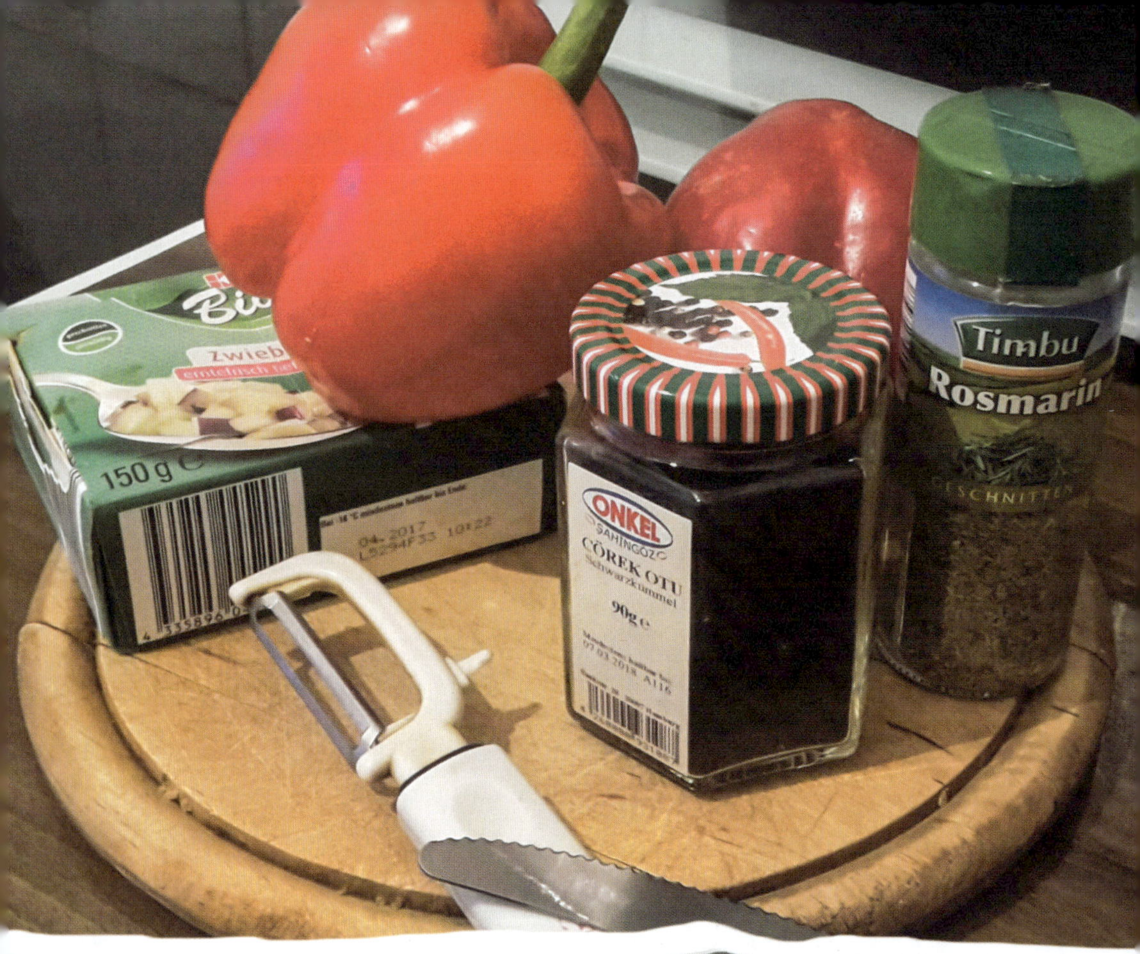
150 g
ONKEL
ÇÖREK OTU
Schwarzkümmel
90g e
Timbu
Rosmarin

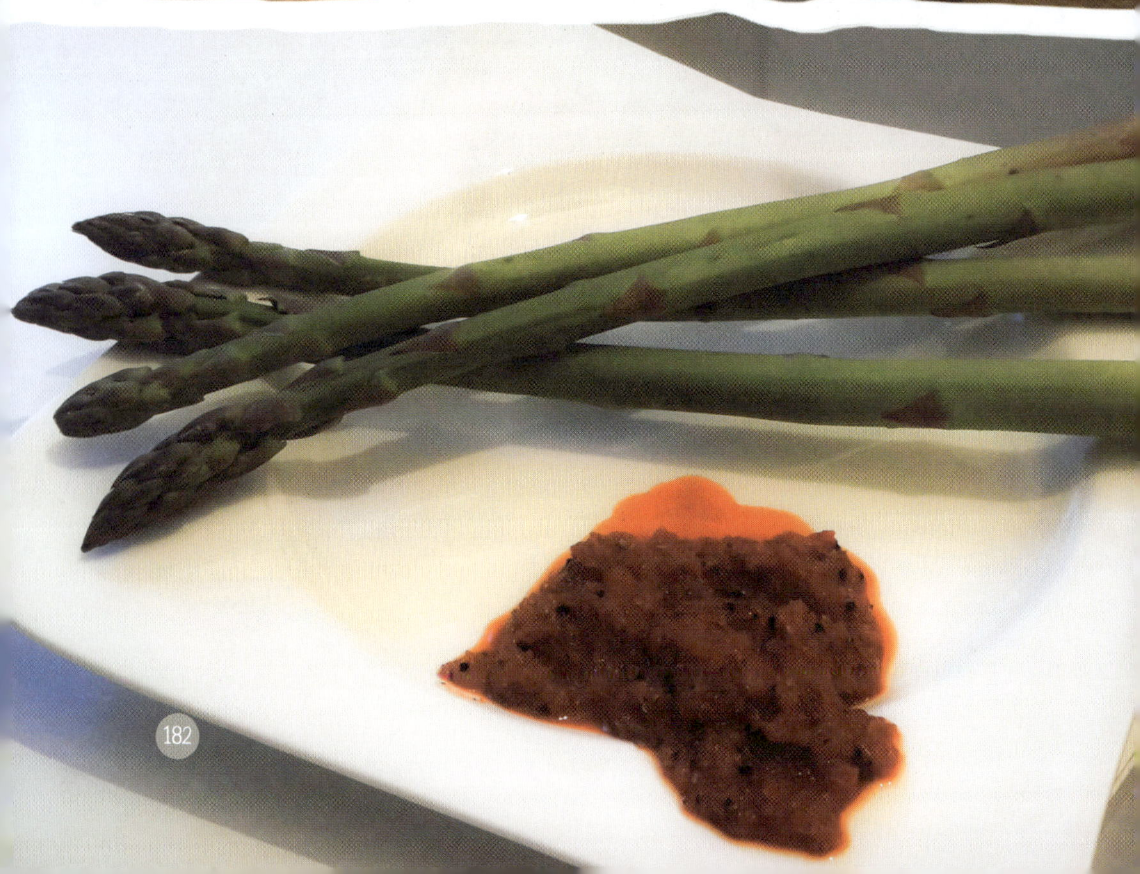

Self- made Paprika Relish

von
Anika

Zutaten

Zutaten für 1 Person

2 rote Paprika
Rote Zwiebeln (TK oder frisch)
Schwarzkümmel (ca 1 TL)
Rosmarin (ca 2 TL)
Salz/ Pfeffer/ Cayenne

Gericht

1. Die Haut der Paprika mit einem Sparschäler entfernen, Paprika entkernen und in mundgerechte Stücke schneiden

2. Zwiebel schneiden (wenn frisch) und zusammen mit der Paprika kurz anbraten. Etwas abkühlen lassen

3. Paprika, Zwiebeln und die Gewürze nun in einen Mixer geben- fertig

   Abschmecken nach Lust und Laune und genießen Ob warm oder kalt. Ob als Dip, Brotaufstrich oder über die Nudeln. Probier dich selbst aus und lass es dir schmecken. Auch super zum Grillen

Eiweißhaltige Lebensmittel
& Saisonkalender

Eiweißhaltige Lebensmittel

Kategorie	Name	KH	Eiweiß	Fett	KCAL
Eiweiss	Eiweißpulver (impact whey natural)	5	82	7,5	416
	Ei, Huhn	1,5	11,9	9,3	137
Fisch	Austern	3,5	9	1,4	72
	Miesmuscheln, TK natur	3,4	12	2,7	84
	Jakobsmuscheln	1,5	15,6	0,8	77
	Frutti di Mare	1,3	11,5	0,6	57
	Dorsch	1	16	0,5	70
	Flusskrebs	1	19,5	1	85
	Schellfisch	1	18,2	0,5	77
	Kaviar	0,8	12	5,6	102
	Krebs	0,7	18,6	1,4	91
	Rollmops	0,6	7,1	4,4	71
	Kalmar	0,4	10,4	0,1	44
	Hummer	0,3	18,8	1,5	90
	Garnelen	0,1	11,1	0,6	50
	Goldbrasse	0,1	19,6	3,6	111
	Aal	0	15	26	287
	Anchovis	0	20	0	96
	Barsch	0	23,9	2,1	121
	Bückling	0	21,2	15,5	224
	Dorade	0	16,7	5,2	114
	Dornhai	0	30	8	179
	Flunder	0	23,3	1,9	110
	Forelle	0	19,5	2,7	105
	Hecht	0	24	0,9	113
	Heilbutt	0	20,1	2,3	101
	Hering	0	18	15	200
	Kabeljau	0	18	0,8	90
	Karpfen	0	16,6	4,9	113
	Krabben	0	19	1	87
	Krake	0	20	0,9	79
	Lachs	0	19,9	11,2	180
	Limande	0	18	2	84
	Makrele	0	18,7	11,9	181
	Matjes	0	16	22,6	267
	Oktopus	0	20	0,9	79
	Pangasius	0	18,7	2	62

Kategorie	Name	KH	Eiweiß	Fett	KCAL
Fisch	Rochen	0	22	1	96
	Rotbarben	0	20,1	2	107
	Rotbarsch	0	18,6	1,6	94
	Rotzunge	0	18	2	84
	Salzhering	0	15	20	215
	Sardelle	0	29,3	9,6	204
	Sardine	0	22,3	5,4	138
	Scampi	0	15	1	69
	Schattenfisch	0	17,5	4,9	119
	Schillerlocke	0	30	8	179
	Scholle	0	17	2	84
	Schwertfisch	0	19,8	4	116
	Seehecht	0	17	2,5	92
	Seelachs	0	17	0,8	75
	Seeteufel	0	14,9	1,5	74
	Seezunge	0	17,5	1,4	83
	Shrimps	0	15,3	1,7	90
	Steinbeißer	0	15,8	2	81
	Steinbutt	0	17	1,7	82
	Stockfisch	0	79	2,5	340
	Thunfisch	0	22	16	225
	Tilapia	0	15,7	1,6	77
	Tintenfisch	0	16,1	0,9	73
	Victoriabarsch	0	19,1	1,8	93
	Weis	0	19	12	167
	Zander	0	20	0,7	84
	Ölsardine	0	21	25	306
Fleisch	Hackfleisch gemischt	0,1	19,4	16,4	224
	Hackfleisch Rind	0,1	20,5	14	207
	Eisbein	0	20	12	191
	Hase	0	23	3	124
	Kalbsbrust	0	18,4	14,2	200
	Kalbsschnitzel	0	21	3,1	112
	Kalbskotelett	0	19,1	7,8	146
	Kaninchen	0	33	3,5	173
	Schweinekrusten	0,5	63	31	550
Fleisch, Wurst	Kasseler Lachs	2	21	1	119
	Rinderzunge	1,9	17,9	10,1	177
	Leberpastete	1,1	17,9	25,1	299

Kategorie	Name	KH	Eiweiß	Fett	KCAL
Fleisch, Wurst	Rinderschmorbraten	1,1	10,8	6,6	108
	Bratwurst	1	18	18	238
	Cervelatwurst	1	19	1	306
	Geflügelwurst	1	11	13,3	180
	Grillfackeln	1	19	20	261
	Kalbsbratwurst	1	12	20	230
	Kasseler Aufschnitt	1	20	3	111
	Kochschinken	1	19	3	107
	Mettwurst	1	16	39	428
	Schinkenspeck	1	23	15	203
	Schweineschulter	1	17	8,8	161
	Lachsschinken	0,9	18,3	4,4	116
	Leberwurst	0,9	18,1	28,2	327
	Blutwurst	0,6	15	30	287
	Gelbwurst	0,5	11	27	284
	Lammfilet	0,5	19,5	3,5	112
	Rind, Beinscheibe	0,5	19,3	4,3	118
	Rindersteaks	0,5	20	3,5	114
	Salami	0,5	18	28	303
	Pferdefleisch	0,4	21,4	3	115
	Wildschwein-Pâté	0,4	13	36	378
	Bockwurst	0,3	15,2	26,4	296
	Fleischkäse	0,3	18,5	24	306
	Weißwurst	0,3	14,5	23,8	270
	Fleischwurst	0,2	12,1	28,3	300
	Jagdwurst	0,2	16,8	16,8	218
	Wiener Würstchen	0,2	13,5	23,2	261
	Frankfurter Würstchen	0,1	12	25	275
	Rinderbraten, mager	0,1	21,3	0,1	105
	Schweineschmalz	0,1	0,1	99,7	898
	Bauchfleisch	0	17,8	29,9	261
	Lammhack	0	18	18	234
	Lammkeule	0	18	18	234
	Lammkotelett	0	24,9	18,3	200
	Lammschulter	0	19	4,6	151
	Mortadella	0	13	33	310
	Ochsenschwanz	0	20,1	11,5	184
	Rehkeule	0	21,4	1,2	103
	Rehrücken	0	24	3	107
	Rind Rumpsteak	0	21	6	138
	Rind, Suppenfleisch	0	19	12	184

Kategorie	Name	KH	Eiweiß	Fett	KCAL
Fleisch, Wurst	Rind, Tatar	0	21,4	3	113
	Rinderfilet	0	29,5	4,8	162
	Rinderhüftsteak	0	22	5	138
	Rinderlende	0	22,4	4,5	130
	Roastbeef	0	22,4	4,5	130
	Schweinefilet	0	22	2	107
	Schweinefleisch, Kasseler	0	25	5	148
	Wildschwein, frisch	0	19,5	3,4	109
	Wildschweinrücken	0	19,5	3,4	109
	Ziegenfleisch	0	19,5	7,9	149
Gemüse	Bohnen, grün, gekocht	5	2,4	0,2	32
	Zwiebeln	4,9	1,2	0,2	28
	Kürbis, frisch	4,6	1,4	0,2	27
	Artischockenherzen	3,6	2,1	0	40
	Lauch	3,3	2,1	0,3	29
	Porree	3,3	2,1	0,3	29
	Fenchel	2,8	1,3	0,2	18
	Artischocken, frisch	2,6	2,4	0,1	43
	Zucchini	2,3	2	0,3	21
Gemüse, Blatt	Rhabarber	1,4	0,6	0,1	20
	Mangold	0,7	2,1	0,3	21
	Spinat	0,6	2,8	0,3	22
Gemüse, Frucht	Tomaten, passiert	4,1	1,4	0,2	30
	Paprika, grün	2,9	1,1	0,2	19
	Peperoni	2,9	1,2	0,5	21
	Gurke (Salatgurke)	1,8	0,6	0,2	12
	Gurke (Gewürzgurke)	2,6	1	0,2	21
	Tomate	2,6	1	0,2	20
	Aubergine	2,5	1,2	0,2	20
	Weißkohl	4,2	1,4	0,2	25
	Palmkohl	4,1	1,4	0,2	25
	Kohlrabi	3,7	1,9	0,2	28
	Rotkohl	3,5	1,5	0,2	23
	Wirsing	2,9	2,8	0,3	32
	Spitzkohl	2,7	2,7	0,3	28
	Grünkohl	2,5	4,3	0,9	45
	Rosenkohl	2,4	3,8	0,5	30
	Blumenkohl	2,3	2,5	0,3	19

Kategorie	Name	KH	Eiweiß	Fett	KCAL
Gemüse, Frucht	Romanesco	2,3	2,4	0,3	22
	Brokkoli	2	2,9	0,2	34
	Sauerkraut, mild	1,9	1,5	0,1	22
	Pak-Choi Kohl	1,3	1	0,5	12
	Chinakohl	1,2	1,1	0,3	16
	Sauerkraut, roh	0,8	1,5	0,3	21
Gemüse, Pilze	Steinpilze getrocknet	4,1	29,5	3,2	269
	Austernpilze	2,6	3,5	0,2	35
	Pfifferlinge, getrocknet	1,8	24,7	2,2	126
	Morcheln, getrocknet	0,5	1,8	0,3	12
	Steinpilze	0,5	3,6	0,4	20
	Pfifferlinge, frisch	0,2	1,6	0,5	11
	Birkenpilze	0,1	3,6	0,6	18
	Hallimasch-Pilz	0,1	2,1	0,7	15
Gemüse, Salat	Portulak	4,3	1,5	0,3	27
	Lollo Rosso	2,8	1,3	0,3	16
	Pflücksalat	2,8	1	0,3	20
	Chicoree	2,4	1,2	0,2	20
	Stangensellerie	2,2	1,2	0,2	21
	Rucola	2,1	2,6	0,7	27
	Bataviasalat	2	1	0	16
	Sauerampfer	2	2,3	0,4	22
	Vogelmiere	2	2	1	20
	jap. Pflücksalat	1,8	1,3	0,3	14
	Eisbergsalat	1,6	1	0,2	13
	Radiccio	1,5	1,2	0,2	14
	Endiviensalat	1,2	1,8	0,2	18
	Kopfsalat	1,1	1,2	0,2	14
	Lollo Bionda	1	1,3	0,2	11
	Feldsalat	0,8	1,8	0,4	18
Gemüse, Samen	Leinsamen	7,7	22,3	36,5	488
	Kürbiskerne	1,3	36,9	47,7	565
Gemüse, Sprossen	Alfalfa	2,3	4	0,7	30
	Spargel, grün	2	2	0,1	18
	Gartenkresse	1,8	4,2	1,5	38
	Spargel, weiß, gekocht	1,1	1,7	0,1	13

Kategorie	Name	KH	Eiweiß	Fett	KCAL
Gemüse, Wurzel	Mairübe	4,7	1	0,2	26
	Topinambur	4	2,4	0,4	66
	Steckrübe, gegart	3,7	1,1	0,2	22
	Rettich	2,4	1,1	0,2	16
	Knollensellerie	2,3	1,6	0,3	27
	Radieschen	2,1	1,1	0,1	17
	Schwarzwurzel	2,1	1,4	0,4	54
	Rettich, schwarz	1,9	1	0,2	14
Käse	Ricotta	5	8	13	169
	Bel Paese	4,5	11	22	258
	Schichtkäse	3,6	10,5	4	92
	Frischkäse, 4% Fett, natur	3,3	12	4	99
	Rambol Walnusskäse	3,1	13,4	27,7	315
	Obatzda	2,9	12,3	21,5	254
	Frischkäse, Dp. Rahmst.	2,8	6,7	24,8	261
	Schweizer Käse-Fondue	2,5	15	17	222
	Gratin-Käse	2,4	28,5	16	268
	Pizza-Käse	2,4	25,5	25	337
	Fol Epi	2	25	27	351
	Kiri, mit Joghurt	2	9,5	23	257
	Roquefort	2	21,5	30,6	369
	Kochkäse	1,9	16,9	6,5	134
	Soja-Käse Fermate mit Pfeffer	1,9	16,3	9,7	172
	Mozzarella	1,8	17,1	21	263
	Bonbel	1,5	22	28,5	347
	Bavaria Blu	1	17,5	25	297
	Chaumes	1	16	33	361
	Feta, Schafskäse 45% i.Tr.	1	21	22	273
	Gouda, 45% Fett i. Tr.	1	25,5	25,4	331
	Hüttenkäse	1	13	4,3	95
	Pecorino	1	22	33	403
	Reblochon	1	21	12	194
	Räucherkäse	1	21	25	313
	Grill-Käse	0,8	21	24	303
	Gorgonzola	0,7	19,5	26,9	322
	Balkan-Käse	0,6	17,8	20,5	258
	Hirtenkäse	0,6	20	21	272
	Cambozola	0,5	14	41	427
	Ofenkäse	0,5	15	32	350
	Weißer Käse	0,5	18	21	267

Kategorie	Name	KH	Eiweiß	Fett	KCAL
Käse	Brie, 50% Fett i. Tr.	0,4	22,6	28	334
	Hofdammer	0,2	26	26	339
	Tomme de Savoie	0,2	23	30	364
	Bockshorn-Klee Käse	0,1	23	26	326
	Butterkäse	0,1	24	26	330
	Camembert 45% Fett i.Tr.	0,1	21	22,3	284
	Greyerzer	0,1	27	33	405
	Harzer	0,1	30	0,5	125
	Leerdammer	0,1	27	27,5	353
	Tilsiter	0,1	25	26	334
	Appenzeller	0	25	31	375
	Babybel	0	21,5	24	302
	Bergbaron	0	28	26	346
	Bergkäse	0	26	33	394
	Cheddar, 50% Fett i.Tr.	0	26	33	382
	Chester	0	26	33	382
	Comté	0	26	34	410
	Draudammer Käse	0	38	13	269
	Edamer, 45% Fett i.Tr.	0	24,8	28,3	354
	Emmentaler, 45% Fett i.Tr.	0	29	31,4	397
	Esrom	0	24	25	322
	Leicester	0	23	20	406
	Limburger, 40% Fett i.Tr.	0	23	19,7	270
	Maasdamer	0	26	27	347
	Manchego	0	25	25	321
	Parmesan	0	35,6	25,8	374
	Provolone	0	35	25	353
	Raclette-Käse	0	25	27	354
	Romadur 20% Fett i. Tr.	0	26,4	9	187
	Romadur 40% Fett i. Tr.	0	23	19	264
	Ziegenkäse	0	22	33	385
Low Carb Produkte	Shirataki-Nudeln	3	0,2	0	6
	Shirataki-Reis	1,4	0,2	0	6
Milch	Mandelmilch	5,4	0,9	2,2	45
	laktosefreie Milch	5	3,4	1,5	48
	H-Milch 1,5% Fett	4,8	3,4	1,5	48
	Buttermilch	4	0,5	0,5	37
	Kokosmilch	2,4	1,8	17,5	175
	Sojamilch	2	3,6	2,2	43

Kategorie	Name	KH	Eiweiß	Fett	KCAL
Milchprodukte	Dickmilch	4,6	3,5	3,5	66
	Kefir	4,1	3,4	1,5	50
	Magerquark	4	11,8	0,3	68
	Saure Sahne	4	3	10	122
	Schlagsahne, 30% Fett	3,2	2,4	30	292
	Körniger Frischkäse	1	13	4,3	95
Obst	Maracuja	9,5	2,4	0,4	67
	Passionsfrucht	9,5	2,4	0,4	67
	Kiwi	9,1	1	0,6	62
	Clementine	9	0,7	0,3	50
	Pfirsisch	8,9	0,8	0,1	42
	Aprikose	8,5	0,9	0,1	43
	Stachelbeere	8,5	0,8	0,2	44
	Orange	8,3	1	0,2	47
	Wassermelone	8,3	0,6	0,2	38
	Nashi-Birne	8	0	0	32
	Grapefruit	7,4	0,6	0,2	45
	Quitte	7,3	0,4	0,5	50
	Kaktusfeige	7,1	1	0,4	46
	Papaya	7,1	0,5	0,1	36
	Guave	5,8	0,9	0,5	44
	Melone, Cantaloupe	4,2	0,6	0,1	22
	Avocado	3,6	1,4	12,5	138
Obst Beeren	Heidelbeere	7,6	0,4	0,4	42
	Holunderbeere	7,4	2,5	0,5	48
	Brombeere	6,2	1,2	1	43
	Johannisbeere, schwarz	6,1	1,3	0,2	40
	Preiselbeere	6	0	0,3	33
	Erdbeere	5,5	0,8	0,4	36
	Himbeere	4,8	1,3	0,3	43
	Johannisbeere, rot	4,8	1,1	0,2	33
Nüsse	Nusskernmischung Farmer's Snack	7,6	20,7	55,4	629
	Erdnüsse, frisch	7,5	29,8	48,1	576
	Haselnüsse	6	16,3	63,3	664
	Walnüsse	6	14,4	69,1	716
	Mandeln	5,7	24	53	611
	Macadamias	5,1	9	4,8	762
	geröstet, gesalzen				

Kategorie	Name	KH	Eiweiß	Fett	KCAL
Obst Nüsse	Pekannüsse	4,4	9,3	72	692
	Paranüsse	3,6	14	67	687
	Salzmandeln	3	25	60	652
Obst Zitrus	Mandarine	10	0,7	0,1	54
	Pampelmuse	9,4	0,8	0	46
	Zitrone	3,2	0,7	0,6	32
	Limone	1,9	0,7	0,2	47

Saisonkalender für Gemüse

Zutat (Gemüse)	Jan	Feb	Mär	Apr	Mai	Jun	Jul	Aug	Sep	Okt	Nov	Dez
Aubergine							x	x	x	x		
Blumenkohl					x	x	x	x	x	x		
Bohnen, grüne							x	x	x	x		
Bohnen, dicke						x	x	x				
Brokkoli						x	x	x	x	x		
Butterrüben	*	*	*	*				x	x	x	x	x
Champignons	x	x	x	x	x	x	x	x	x	x	x	x
Erbsen						x	x	x				
Fenchel						x	x	x	x	x	x	
Grünkohl	x	x									x	x
Gurke / Salatgurke						x	x	x	x	x		
Kartoffeln	*	*	*	*	*	x	x	x	x	x	*	*
Kohlrabi					x	x	x	x	x	x		
Kürbis	*	*						x	x	x	x	*
Lauch / Porree	x	x	x	x			x	x	x	x	x	x
Lauch- / Frühlingszwiebeln					x	x	x	x	x	x		
Mais								x	x	x		
Mangold					x	x	x	x	x	x		
Möhren / Karotten	*	*	*	*	*	x	x	x	x	x	*	*
Paprika							x	x	x	x		
Pastinaken	x	x	x	*				x	x	x	x	x
Radieschen					x	x	x	x	x	x		
Rosenkohl	x	x	x							x	x	x
Rote Beete	*	*	*	*			x	x	x	x	x	*
Rotkohl	*	*	*	*	*	x	x	x	x	x	x	*
Schwarzwurzeln	x	x								x	x	x
Spargel				x	x	x						
Spinat		x	x	x					x	x	x	
Spitzkohl					x	x						
Staudensellerie							x	x	x	x		
Steckrüben	*	*	*						x	x	x	x
Tomaten							x	x	x	x		
Topinambur	x	x	x							x	x	x
Weißkohl	*	*	*	*		x	x	x	x	x	x	*
Wirsingkohl	x	x	*		x	x	x	x	x	x	x	x
Zucchini						x	x	x	x	x		
Zuckerschoten						x	x	x				
Zwiebeln	*	*	*	*	*	*	x	x	x	x	*	*

Saisonkalender für Obst

Zutat (Obst)	Jan	Feb	Mär	Apr	Mai	Jun	Jul	Aug	Sep	Okt	Nov	Dez
Apfel	*	*	*	*	*			x	x	x	x	*
Aprikose							x	x				
Birne								x	x	x	*	*
Blaubeeren / Heidelbeeren						x	x	x	x			
Brombeeren							x	x	x			
Erdbeeren						x	x					
Himbeeren						x	x	x				
Holunderbeeren									x	x		
Johannisbeeren						x	x	x				
Kirschen						x	x	x				
Mirabellen							x	x	x			
Pflaumen							x	x	x			
Quitten									x	x	x	
Rhabarber				x	x	x						
Stachelbeeren						x	x	x				
Wassermelonen								x	x			
Weintrauben									x	x		
Zwetschgen							x	x	x	x		

Saisonkalender für Salat

Zutat (Obst)	Jan	Feb	Mär	Apr	Mai	Jun	Jul	Aug	Sep	Okt	Nov	Dez
Batavia					x	x	x	x	x			
Chicorée	x	x	x	x						x	x	x
Eichblattsalat					x	x	x	x	x	x		
Eisbergsalat						x	x	x	x	x		
Endiviensalat					x	x	x	x	x	x	x	x
Feldsalat	x	x	x	x						x	x	x
Kopfsalat					x	x	x	x	x	x		
Lollo Rosso					x	x	x	x	x	x		
Portulak	x	x	x	x			x	x	x	x	x	x
Radicchio	*	*						x	x	x	x	*
Rucola					x	x	x	x	x	x		

x Frisch aus heimischem Anbau verfügbar.

* Lagerware aus heimischem Anbau verfügbar.

Nachwort

Alex und ich hoffen und wünschen uns, dass wir dir gemeinsam mit unseren 69 Days Ladies zeigen konnten, dass gesunde und ausgewogene Küche sehr schmackhaft sein kann, nicht immer lange dauern muss und wir dir zudem einige Basics näher bringen konnten. Wir würden uns unglaublich über ein Feedback freuen. Folgt uns doch auf Facebook und Instagram falls du es noch nicht tust, dort teilen wir regelmäßig Rezepte, Tipps und Motivationen #69daysladies.

Wir wünschen dir viel Spaß beim Nachkochen und vielleicht bis ganz bald im Team.

Danksagung

Wir danken unserer Familie, welche uns so tatkräftig unterstützt und hinter uns steht, Alex Vater Wolfgang Maaß der uns tatkräftig bei der Buchführung hilft- Alex Mama Sylvia Maaß der ruhende Pol der Familie- bei ihr weiß ich, schläft Rocky seelenruhig.

Ich danke meiner Mama, für das was ich bin- ich habe ihr mein Leben und meine Freiheit zu verdanken. Danke für die Toleranz und Tugenden welche du mir gelehrt hast und die Fehler die ich machen durfte. Meinem Stiefvater, die Toleranz in Person, er bringt uns immer weit weg - fern ab allem Alltags mit seinen Erzählungen und Gesprächen, wenn es bei uns in heiße Phasen ging und geht. Wir danken Alex Kindern, die uns unsere Auszeiten schenken, indem sie uns zwangsweise Freiräume schaffen, für Ausflüge und Gelegenheiten-

Wir danken unserer wahnsinnig tollen Community- ohne die wir nichts wären, ohne die das alles nicht entstanden wäre- EURE Unterstützung ist unsere Motivation.

Impressum

Alexander Maass
Personal Training
Borkener Weg 32
13507 Berlin

Email: info@alexmaass.de
Amtsgericht Berlin
USt-ID: DE 261501701
Steuer-Nr. 17/429/64165

 https://www.facebook.com/69daysladies

 https://www.instagram.com/69days_ladies

 http://69-days-ladies.de

Design & Umsetzung: Ador Design
https://www.ador-design.de

ISBN: 978-3-00-054654-9
1. Auflage 2016